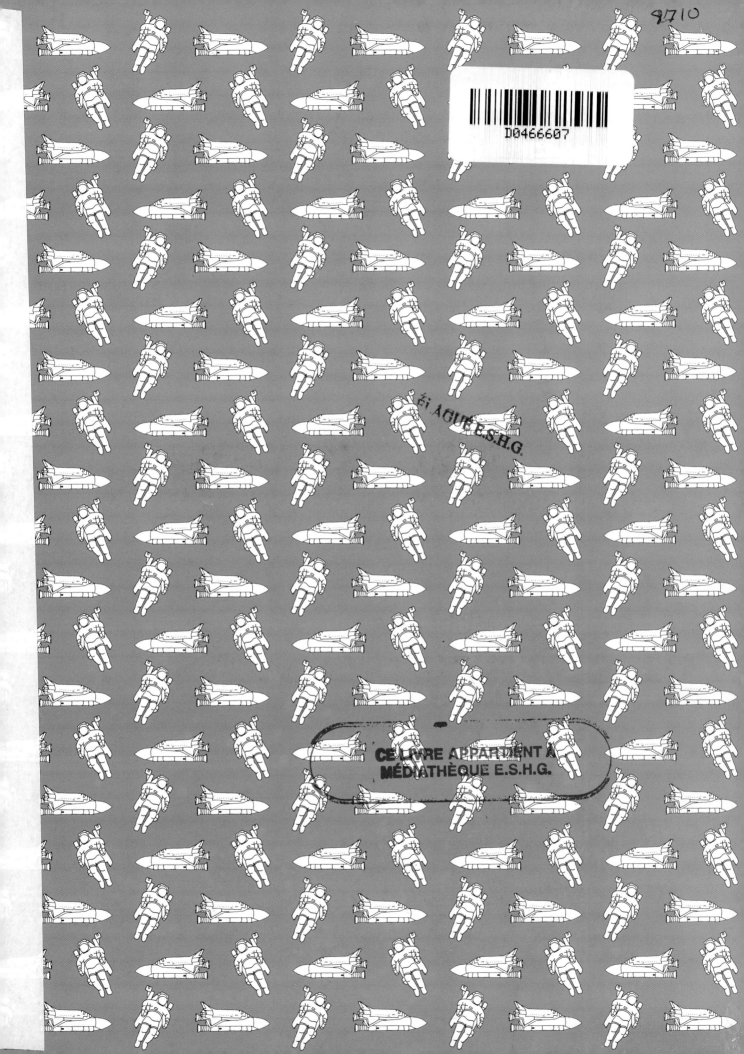

Télescope spatial
Hubble

Impact de poussière
spatiale sur un hublot
de navette

Couverture
de protection
de satellite

Badge de la NASDA
(agence spatiale japonaise)

Jouet emporté
dans l'espace

Badge de la première
mission mongole
dans l'espace

Combinaison pour
les missions Apollo
sur la Lune

Sonde spatiale
Giotto

Jouets sur le thème
de la conquête
de l'espace

Reste d'une
fusée d'appoint

la conquête de l'espace

Vase commémorant une mission
spatiale russo-polonaise

Combinaison d'intérieur
à bord de Mir

par
Carole Stott

Photographies originales de Steve Gorton

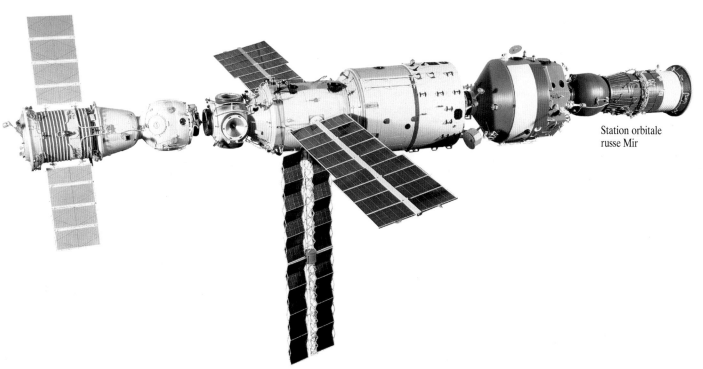

Station orbitale
russe Mir

Badge de la navette
russe Bourane

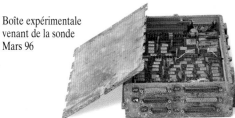

Boîte expérimentale
venant de la sonde
Mars 96

GALLIMARD

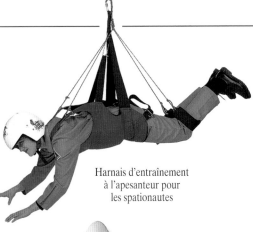

Harnais d'entraînement
à l'apesanteur pour
les spationautes

Telstar, le premier satellite
de télévision

Comité éditorial

Londres :
Gillian Denton, Linda Martin, Kitty Blount,
Kati Poynor, Julie Ferris, Julia Harris, Mo Sheerin,
Nicky Studdart et Lisa Moss

Paris :
Christine Baker, Clotilde Lefebvre,
Jacques Marziou et Eric Pierrat

Edition française traduite
et adaptée par
Rosine Feferman, Guilhem Lesaffre
et Olivier Le Goff
Conseiller pour le synopsis
et la documentation :
Alain Dupas (Cnes)
Conseiller scientifique et technique :
Philippe Henarejos

Edition : Eric Pierrat
Préparation : Claire Passignat
Correction : Agathe Roso et Annabelle Viret
Montage PAO : Myriam Leblond
Flashage : Actuels Service, Vannes (56)
Maquette de couverture : Pierre Lescault

Photogravure de couverture : Mirascan

Publié sous la direction de

Peter Kindersley,
Jean-Olivier Héron
et
Pierre Marchand

ISBN 2-07-050792-0
La conception de cette collection est le fruit
d'une collaboration entre les Editions Gallimard
et Dorling Kindersley.
© Dorling Kindersley Limited, Londres 1997
© Editions Gallimard, Paris 1997, pour l'édition française
Loi n° 49-956 du 16 juillet 1949
sur les publications destinées à la jeunesse
1er dépôt légal : octobre 1997
Dépôt légal : décembre 1998. N° d'édition : 88286
Imprimé à Singapour

Fusée Ariane 5

Nourriture de l'espace :
fruits déshydratés

Badge de Sigmund Jaehn, le premier cosmonaute
de l'ex-République démocratique allemande (RDA)

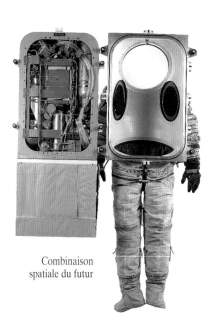

Combinaison
spatiale du futur

Badge du premier cosmonaute indien,
Rakesh Sharma

SOMMAIRE

CETTE VOÛTE ÉTOILÉE INACCESSIBLE

Nous avons toujours regardé le ciel en nous demandant bien ce qu'il peut y avoir là-bas, au-dessus de nos têtes et, pour la plupart, nous ne nous posons pas plus de question. Mais certains ont rêvé ou rêvent encore de voyager dans l'espace, d'explorer la Lune, de se poser sur Mars, ou d'aller jusqu'aux étoiles. C'est au cours du XXᵉ siècle que ce vieux rêve est devenu réalité. Les premières étapes de cette conquête remontent au début du siècle, avec la mise au point de fusées destinées à être lancées de la Terre. Le 12 avril 1961, Youri Gagarine est le premier homme de l'espace. À la fin de ce siècle, on comptera par milliers le nombre d'engins spatiaux et par centaines le nombre de voyageurs envoyés dans l'espace. Et le rêve continue, avec une nouvelle génération qui veut aller plus loin en restant plus longtemps, pour en connaître encore plus sur l'espace.

LES AILES DE L'ANTIQUITÉ
Selon la mythologie grecque, Dédale conçut des ailes pour permettre à son fils Icare et à lui-même de s'évader du Labyrinthe. Ces ailes se trouvaient fixées à leurs corps par de la cire. L'impétueux Icare s'approcha trop près du Soleil, la cire fondit, et Icare fut précipité dans la mer.

VOYAGE AVEC LES OIES
La Lune est la plus proche voisine de la Terre, et paraît donc très grosse dans le ciel : on y distingue d'ailleurs très bien des zones claires et d'autres plus sombres. La proximité apparente de cet astre a alimenté de nombreux récits de fiction. Ainsi, dans une légende du XVIIᵉ siècle, il faut onze jours à des oies sauvages pour transporter un homme sur la Lune.

LES PREMIERS OBSERVATOIRES
Ce que nous savons aujourd'hui de l'espace nous vient en partie des civilisations antiques, comme les Mayas au Mexique (observatoire ci-dessus). Il y a des milliers d'années déjà, on avait évalué les distances et les mouvements du Soleil, de la Lune et des planètes utilisés pour mesurer le temps et comprendre la place de la Terre dans l'Univers.

QUAND LA FICTION REJOINT LA RÉALITÉ
A mesure que l'on en savait plus sur l'espace, les histoires de voyages devinrent de plus en plus réalistes. A la fin du XIXᵉ siècle, Jules Verne écrivit des romans qui mêlaient la réalité à la fiction. Dans *De la Terre à la Lune* (1865), il fait voyager ses héros dans un obus 4 lancé par un canon géant.

L'ARGENT DE L'ESPACE
Durant les années 1940 et 1950, la recherche spatiale fut assurée par les Etats qui investirent des sommes très importantes. Témoin de cet effort, cette statue, érigée du temps de l'URSS, qui représente une fusée au décollage. Les gouvernements mirent au point des politiques de voyages spatiaux et d'exploration, des stratégies d'utilisation de l'espace, dont ils confièrent la mise en œuvre à des agences nationales.

L'ESPACE ET LA MUSIQUE
La Lune et les étoiles ont beaucoup inspiré les écrivains, les poètes et les musiciens. En 1916, le Suédois Gustav Holst achève une suite musicale appelée *Les Planètes*, dont le thème est l'espace. Plus tard, alors que le sujet devient de plus en plus d'actualité, Frank Sinatra (ci-contre) interprète *Fly Me to the Moon* (*Emmène-moi sur la Lune*). Comptines et bandes dessinées ont toujours décrit la Lune comme un pays magique.

L'APPORT DE LA LUNETTE ASTRONOMIQUE
Jusqu'au XVIIᵉ siècle, on croyait que le Soleil, la Lune, les planètes et les étoiles tournaient autour de la Terre. Grâce à une nouvelle invention, la lunette, l'Italien Galileo Galilei, dit Galilée (1564-1642), prouva que l'espace était nettement plus grand que ce que l'on pensait, et que finalement la Terre n'en était pas le centre.

LA MUSIQUE POP DANS LES ÉTOILES

C'est dans les années 1960 et 1970 que l'espace descend dans la rue, en influençant la mode et la musique de l'époque. David Bowie (à droite) joue ici le personnage venu de l'espace Ziggy Stardust, et aborde, de manière distrayante, les préoccupations des scientifiques au sujet de l'espace dans deux chansons : *Space Oddity* (littéralement *Bizarrerie de l'espace*, jeu de mots avec odyssée de l'espace) et *Is There Life on Mars ? (Y a-t-il de la vie sur Mars ?)*.

L'exploration de la Lune allait bientôt devenir une réalité.

ESCAPADES ET FANTAISIES

Entre les années 1930 et 1950, la bande dessinée américaine fait preuve d'une débordante imagination dans le domaine de l'espace. On y rencontre régulièrement des extraterrestres, à l'occasion d'un voyage spatial, ou à la suite de leur atterrissage sur l'Everest. Toutefois, force est de constater que bien des histoires et illustrations sont beaucoup plus proches de la réalité, et annoncent ce qui allait se produire quelques décennies plus tard.

LES CLUBS DE L'ESPACE

A la fin des années 1920, un certain nombre d'associations pour la promotion des voyages dans l'espace apparurent, d'abord en Allemagne, puis aux Etats-Unis et en Grande-Bretagne. Au Royaume-Uni, Arthur C. Clarke eut beaucoup d'influence sur la recherche dans ce domaine. Ecrivant des articles de presse et des livres qui traitaient de science-fiction aussi bien que de science pure, il avait notamment prévu l'utilisation de satellites pour les communications. Son livre, *The Sentinel*, publié en 1968, a inspiré le célèbre film *2001, l'odyssée de l'espace*, réalisé la même année par Stanley Kubrick.

La Terre vue de la Lune

Cratères lunaires

Un astronaute tenant à la main le drapeau américain

UNE ICÔNE CONTEMPORAINE

En 1986, un incendie ravage le toit de la cathédrale de York (Angleterre) et détruit les sculptures médiévales qui l'ornaient. Celles-ci sont remplacées par des éléments symboliques du XXe siècle comme la conquête de l'espace. Ainsi, les fidèles lèvent les yeux vers cette icône de notre époque.

LES PANOPLIES

Si les générations passées ont contribué à une nouvelle approche de l'Univers et de la place de l'homme dans celui-ci, les enfants d'aujourd'hui vivent dans une époque où l'espace est déjà une réalité. Deux héros des enfants, Action Man (à droite) et Barbie (ci-dessus), sont apparemment déjà « allés » dans l'espace !

QU'EST-CE QUE L'ESPACE ?

La Terre est enveloppée par une couche de gaz appelée atmosphère. Celle-ci nous donne l'oxygène dont nous avons besoin pour vivre, et nous protège de la chaleur du Soleil pendant la journée et du froid pendant la nuit. Quand on s'éloigne de la surface de la Terre, l'air se raréfie et sa composition ainsi que sa température changent : il est impossible à un humain de survivre dans cet environnement. En prenant encore de l'altitude, on passe progressivement de l'atmosphère terrestre à l'espace. Celui-ci se situe à 1 609 km de notre planète. A cette limite il ne reste de l'atmosphère qu'à très faible pression. On considère cependant que l'espace commence à 100 km d'altitude. A partir de là, certaines conditions sont pareilles à celles de l'espace, ce qui permet aux satellites et aux astronautes de travailler assez près de nous.

UNE POUSSIÈRE DANGEREUSE

L'espace est virtuellement vide, mais tout ce que l'homme y envoie doit être protégé pour résister aux poussières, soit naturelles soit artificielles, qui s'y déplacent à une vitesse supérieure à celle d'une balle de revolver. Le test ci-contre montre bien à quel point un morceau de métal peut, dans l'espace, être endommagé par un minuscule morceau de Nylon.

Projectile en Nylon

Disque de métal mince avec un large impact

Ces astronautes ont l'impression de ne rien peser.

Disque de métal plus épais avec un trou plus petit

L'APESANTEUR

Les astronautes ne peuvent ni voir ni ressentir la pesanteur, comme on le constate à gauche dans cette navette en orbite. Et pourtant cette gravité existe bel et bien, puisqu'elle attire en permanence l'engin spatial vers la Terre. Celui-ci doit y résister et sortir de l'orbite terrestre.

Alpha du Centaure, la troisième plus brillante étoile du ciel

La Voie lactée (notre galaxie)

En haut de cette boucle, les passagers sont censés être en état d'apesanteur pendant une durée allant jusqu'à six secondes.

LES MONTAGNES RUSSES

Les passagers de ce train ressentent l'impression que leur cœur se décroche, un peu comme quand une voiture passe un dos-d'âne. Ils font l'expérience de l'apesanteur, qui, sur un grand-huit, peut durer quelques secondes. Les astronautes, quant à eux, peuvent l'éprouver pendant une période allant jusqu'à vingt secondes dans des dispositifs conçus pour l'entraînement.

L'OBSERVATOIRE DES ÉTOILES

Quand on observe le ciel la nuit, on voit des milliers d'étoiles qui, comme le Soleil, appartiennent à notre galaxie. Il existe aussi des milliards et des milliards d'étoiles dans d'autres galaxies, qui composent le reste de l'Univers en même temps que des milliards de kilomètres d'espace virtuellement vide. Pour l'instant, l'homme n'a exploré l'espace qu'au sein du système solaire, constitué par le Soleil et les planètes qui tournent en orbite autour de lui.

LES HOMMES DANS L'ESPACE

La plupart des astronautes ont voyagé dans l'espace suffisamment près de la Terre pour pouvoir exploiter sa gravité et tourner autour d'elle. Pour l'instant, seuls dix-huit d'entre eux sont allés plus loin, dont douze jusque sur la Lune. Toute personne allant dans l'espace est obligée d'emporter avec elle sa propre atmosphère et de quoi se protéger contre son nouvel environnement.

Ces astronautes regagnent leur vaisseau pour revenir sur la Terre.

Ce bloc, venu de Mars, est tombé sur notre planète, il y a environ 13 000 ans.

1977 : le vaisseau automatique Voyager est prêt.

INTÉRESSANTES MÉTÉORITES

Les scientifiques étudient l'espace en y envoyant des robots ou des hommes qui rapportent des échantillons. Mais ils ont aussi à leur disposition les morceaux qui tombent d'eux-mêmes sur Terre, et qu'on appelle météorites. On évalue leur nombre à 3 000 par an ; la plupart disparaissent dans les océans, mais un petit nombre peut être étudié.

MESSAGE DES TERRIENS

Onze planètes semblent avoir été détectées indirectement autour d'autres étoiles que le Soleil. Pour l'instant, seules les neuf planètes du système solaire ont véritablement été identifiées. Parmi celles-ci, la Terre est la seule où il y ait de la vie. Certaines sondes ont quand même emporté des messages pour le cas où existerait ailleurs une vie intelligente.

Ce vidéodisque contient une encyclopédie sur la Terre, des salutations en 60 langues, etc.

L'Everest culmine à 8 848 m : c'est le plus haut sommet du monde, plus élevé que ce petit rocher !

LES EXPLORATEURS DES GRANDES ALTITUDES

Même en restant sur la Terre, il est possible d'être confronté à un changement d'altitude et, donc, d'atmosphère. Les alpinistes savent parfaitement que l'air se raréfie à mesure que l'altitude augmente. A partir d'environ 3 600 m, ils doivent apporter de l'oxygène car l'atmosphère en manque. Quant aux aéronautes, ils voyagent à grande altitude dans des cabines pressurisées. A 19 000 m au-dessus du niveau de la mer, la pression atmosphérique est si basse que les fluides contenus dans le corps se vaporisent et s'échappent en traversant les membranes, par les yeux ou la bouche par exemple.

LES NATIONS DANS LA COURSE

Dans toutes les régions du monde, il existe des gens qui sont impliqués dans l'exploration de l'espace, même si un très petit nombre d'entre eux aura la chance d'y aller. Parmi toutes les nations existantes, seules quelques-unes sont capables de lancer des engins spatiaux ; en revanche, elles sont beaucoup plus nombreuses à participer à cette aventure en apportant leur technologie et en participant à la fabrication des appareils. D'autres pays surveillent les activités spatiales ; d'autres encore profitent des retombées des explorations, soit pour développer leur connaissance de l'Univers, soit dans des applications plus concrètes comme les satellites qui permettent de téléphoner directement de continent à continent. Certaines nations travaillent individuellement, d'autres font équipe. Quand on envoie dans l'espace un astronaute, une sonde ou un satellite, il faut compter un investissement de six milliards de francs ; on fait travailler des milliers de personnes, et l'opération est utilisable par des millions de gens.

LE BADGE
Pour chaque vol emmenant des astronautes ou destiné à lancer une sonde spatiale, on crée un petit badge comportant des illustrations et des mots qui symbolisent la mission en question. La France a été le premier pays à avoir des spationautes embarqués à bord d'engins soviétiques et américains. Voici le badge qui représentait le voyage de Jean-Loup Chrétien à bord de Saliout 7, en 1982.

Tuyère

Moteurs latéraux de direction

APOLLO-SOYOUZ
Le premier rendez-vous international dans l'espace eut lieu en 1975, entre un vaisseau Apollo (Etats-Unis) et Soyouz 19 (URSS). C'est Apollo qui apportait le dispositif permettant l'amarrage des deux vaisseaux.

TRANSPORT EN PIÈCES DÉTACHÉES
De très nombreuses entreprises travaillent à la fabrication des pièces destinées aux engins spatiaux. Après assemblage et tests, ces engins sont acheminés jusqu'au site de lancement. C'est par mer que l'on transporte la plus grosse partie des pièces : ici, on voit un élément très important de la fusée Ariane 5 qui quitte le port de Pariacobo pour gagner par la route la base de lancement de Kourou, en Guyane française.

LA CHINE, PAYS DES SATELLITES
C'est en 1970 que la Chine a envoyé dans l'espace son premier satellite, baptisé Dong Fang Hong 1. A partir de 1986, ce pays a offert ses sites de lancement aux satellites étrangers. A droite, on voit une équipe qui contrôle la procédure de lancement sur la base de Xichang.

LES ARTS ET LE COSMOS
Partout dans le monde, l'exploration spatiale a représenté une grande source d'inspiration dans les domaines de la peinture, de l'écriture et de la musique. Dans les années 1960, une cinquantaine des plus grands artistes américains reçurent la commande de créer une œuvre reflétant leur vue de l'espace. Quant à l'aventure spatiale soviétique, elle fut notamment marquée par cet enregistrement musical (*Le Cosmos pour la paix*).

Cette antenne au Tibet capte les communications téléphoniques et les retransmissions télévisées relayées par les satellites.

LES OREILLES DU MONDE

Les stations terrestres réparties sur la planète sont à l'écoute de l'espace. De gigantesques antennes recueillent les données qui leur sont fournies par des sondes planétaires. Des observatoires satellitaires étudient l'espace et observent notre planète, tandis que des satellites de communication assurent les relations téléphoniques et la retransmission des images télévisées. Cette parabole de 12 m de diamètre est installée à Lhassa au Tibet.

L'INDE ET L'ESPACE

C'est en 1975 que l'Inde a lancé son premier satellite, devenant ainsi la septième nation à utiliser une fusée spatiale. Ce badge correspond au vol de l'Indien Rakesh Sharma vers la station orbitale Saliout 7, en avril 1984.

À LA UNE DES JOURNAUX

Aujourd'hui, le lancement d'astronautes dans l'espace est devenu si courant que les journaux relatent l'événement dans leurs pages intérieures. Mais ils en font leur une si, pour la première fois, c'est un compatriote qui voyage : témoin, ces manchettes de journaux polonais et cubain, qui saluent respectivement l'envoi dans l'espace de Miroslaw Hermaszewski en 1978, et d'Arnaldo Tamayo Mendez en 1980.

SOYOUZ 19

Le premier vaisseau lancé fut Soyouz 19 puis, quelques heures après, ce fut Apollo. Pendant l'amarrage, Soyouz était pointé vers Apollo et tournait sur lui-même pour accorder son mouvement avec celui de l'autre vaisseau.

Dispositif permettant l'amarrage des deux vaisseaux

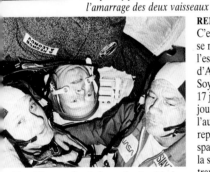

Alexeï Leonov (centre) avec les Américains Donald Slayton et Thomas Stafford

RENDEZ-VOUS INTERNATIONAL

C'est en 1975 qu'Américains et Soviétiques se retrouvèrent pour la première fois dans l'espace. Trois Américains embarqués à bord d'Apollo rejoignirent les deux Soviétiques de Soyouz 19. Après l'amarrage des appareils le 17 juillet, les deux équipages passèrent deux jours ensemble, circulant d'un vaisseau à l'autre, pour travailler et partager leurs repas. Dans les années 1990, la navette spatiale américaine rejoignit régulièrement la station orbitale Mir. Les deux nations travaillent sur un programme commun.

CADEAUX DE BIENVENUE

Il est d'usage que les équipages de programmes internationaux s'échangent des cadeaux. Les Russes offrent parfois des bonbons. Les cosmonautes de la station Mir accueillent traditionnellement les visiteurs étrangers avec du pain et du sel, conditionnés dans des emballages étanches. Revenus sur Terre, les voyageurs rompent ce pain et le mangent avec le sel.

Le drapeau de l'ancienne République populaire de Roumanie.

Le drapeau de la Mongolie figure sur le badge de la mission de Gurragcha.

LA ROUMANIE ET L'ESPACE

Dumitru Prunariu fut le premier Roumain à être envoyé dans l'espace en 1981, à bord de Soyouz 40, pour rejoindre la station orbitale Saliout 6. Prunariu, ainsi que le cosmonaute soviétique Leonid Popov, y furent soumis à des tests médicaux et psychologiques. C'est à l'occasion de ce vol que fut initiée la coutume consistant à photographier le pays d'origine du voyageur.

L'EXPLORATION DE LA MONGOLIE

Lors du huitième vol international, un cosmonaute mongol appelé Jugderdemidiyn Gurragcha fut embarqué pendant six jours à bord de Saliout 6, en mars 1981. Il y mena un certain nombre d'expériences. Notamment, aidé de cartes et d'appareils photographiques, il recherchas'il pouvait exister des gisements de minerai ou de pétrole en Mongolie.

LA SCIENCE DES FUSÉES

La fusée est l'appareil qui permet de lancer dans l'espace des voyageurs et des équipements. Elle a une puissance telle qu'elle peut, en un temps très court, atteindre la vitesse qui lui permettra de s'arracher à la force de gravité et de pénétrer dans l'espace. Le carburant brûlé donne des gaz très chauds qui sont expulsés par l'intermédiaire d'une tuyère d'échappement située au bas de la fusée, et qui donne à l'appareil la force lui permettant de s'élever du sol. La fusée spatiale est née au début du XXe siècle ; aujourd'hui, il se lance dans le monde en moyenne deux fusées par semaine.

LES PREMIÈRES FUSÉES

Elles furent inventées et utilisées par les Chinois il y a environ mille ans. Elles ressemblaient à celles des feux d'artifice, mais il s'agissait d'armes. Elles étaient alimentées par de la poudre à canon ; à l'allumage, une explosion propulsait la fusée. Dans cette représentation du XVIIe siècle, on voit un tir groupé de flèches placées dans un panier.

UN PIONNIER
Le Russe Konstantin Tsiolkovsky commença ses travaux sur le vol des fusées spatiales dans les années 1880. Il détermina quelle devait être leur vitesse et la quantité de carburant nécessaire. Il proposa l'utilisation d'un carburant liquide, le propergol.

UN MOTEUR ÉNORME

Voici, vu de dessous sur l'aire de lancement, l'un des quatre moteurs Viking qui équipaient la fusée Ariane 1. Moins de deux minutes et demie après sa mise à feu, à 50 km d'altitude, sa mission était terminée.

Ce moteur Viking est gigantesque.

Le nid d'abeilles est à la fois robuste et léger.

La structure en nid d'abeilles est bien visible ici.

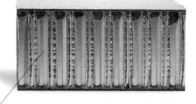

LE SURMESURE

Les fusées et leur cargaison sont réalisées dans des matériaux légers qui limitent la consommation de carburant. Ils doivent aussi être résistants et capables de supporter la poussée au lancement. On en utilise un certain nombre assez courants comme l'acier, mais aussi d'autres plus spécifiques, comme celui-ci à structure en nid d'abeilles, mis au point et fabriqué par les scientifiques et les ingénieurs spatiaux.

La tuyère par laquelle sont expulsés les gaz produits par la combustion du carburant dans la fusée d'appoint

Ce conduit amène l'oxygène qui permettra la combustion après mélange à l'hydrogène.

Les drapeaux des pays qui participent au programme Ariane 5

Dans ce réservoir sont stockées 25 tonnes d'hydrogène liquide.

Les fusées d'appoint fournissent 90% de la poussée au lancement.

130 tonnes d'oxygène liquide sont stockées dans ce réservoir.

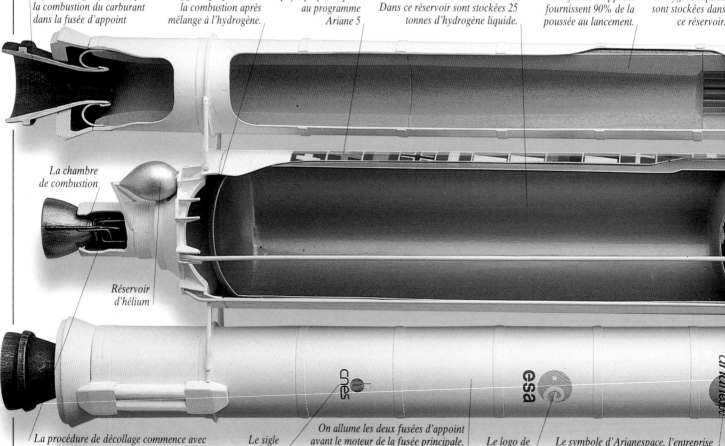

La chambre de combustion

Réservoir d'hélium

La procédure de décollage commence avec l'allumage de ce moteur appelé Vulcain.

Le sigle du CNES

On allume les deux fusées d'appoint avant le moteur de la fusée principale, afin de fournir la poussée initiale.

Le logo de l'ESA

Le symbole d'Arianespace, l'entreprise française qui assemble la fusée

CARBURANT LIQUIDE

L'Américain Robert Goddard était fasciné par l'idée de voyager dans l'espace. Il expérimenta des fusées et différents types de carburant, et lança en 1926 la toute première fusée à carburant liquide. Le vol dura deux secondes et demie, l'engin atteignant l'altitude de 12,5 m.

UNE VOITURE-FUSÉE

Le carburant destiné aux fusées fut d'abord testé dans les années 1920 sur des voitures, des véhicules sur rail, des aéroglisseurs et des traîneaux. Les automobiles utilisées avaient une forme similaire à celle d'une fusée, et faisaient aussi le même bruit avec ce carburant, qui était soit liquide soit en poudre. Les personnes qui construisirent et conduisirent ces voitures étaient membres de la Société allemande pour les voyages dans l'espace, récemment créée à l'époque.

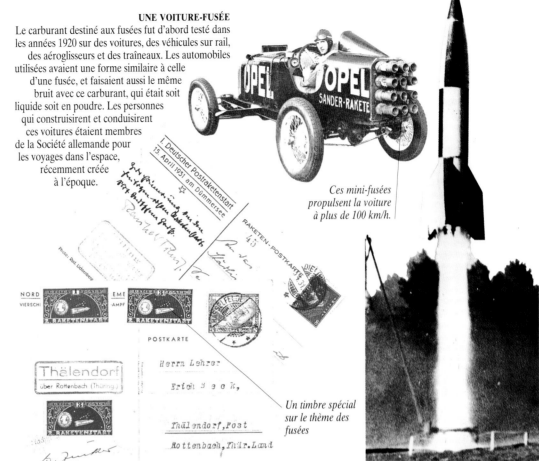

Ces mini-fusées propulsent la voiture à plus de 100 km/h.

CARTES POSTALES À LA MODE

Dans les années 1930, on cherche à exploiter l'effet que les fusées pouvaient avoir sur le public : témoin ces cartes postales spécialement fabriquées, aux timbres particuliers sur le thème des fusées. De telles initiatives furent toutefois éphémères.

Un timbre spécial sur le thème des fusées

UNE ARME SECRÈTE DESTRUCTRICE

Les V1 puis les V2 furent mis au point dans les années 1930 et 1940 par l'Allemagne nazie. C'est en 1942 que réussit le premier lancement de V2, qui fut ensuite produite en masse. C'était la première fois pour une fusée longue portée. L'Allemagne en lança plus de 4 000 contre la Grande-Bretagne au cours de la Seconde Guerre mondiale.

Une fois la paix revenue, les fusées spatiales furent développées par l'équipe dirigée par l'ingénieur allemand Werner von Braun, « recueilli » par les Etats-Unis.

Parachute logé dans le nez pour ralentir la descente

UNE ÎLE DE LANCEMENT

Situé sur une île, le centre spatial de Tanegashima au Japon fait partie de la vingtaine de sites de lancement existants. Depuis ce centre, l'agence spatiale japonaise assemble, teste, lance et suit des satellites. Le Japon est devenu la quatrième puissance spatiale en 1970, avec le lancement de son premier satellite. Les sites sont généralement choisis à proximité de l'équateur, car dans ces régions la fusée bénéficie d'un supplément de poussée du fait de la rotation de la Terre et de la force centrifuge qui en résulte.

Moteur et carburant destiné à amener les deux satellites sur la bonne orbite

Cette fusée peut emporter dans l'espace jusqu'à quatre satellites comme celui-ci.

ARIANE 5

La fusée Ariane est le véhicule de lancement de l'ESA. Cet organisme regroupe quinze pays d'Europe qui financent et mettent au point des satellites et des expériences spatiales. Plus de 120 satellites ont déjà été lancés depuis le site de Kourou, en Guyane française. Ariane 5, la dernière-née de la série, est la plus puissante, puisqu'elle est capable de lancer des satellites fort lourds, ou plusieurs plus légers. Elle est également conçue pour transporter des astronautes dans un étage supérieur spécialement aménagé.

TRANSPORT DE NAVETTE
Quand un orbiteur de navette (c'est-à-dire l'avion spatial) doit être acheminé jusqu'à un site de lancement, il est transporté sur le dos d'un Boeing 747 spécialement adapté. Une fois sur site, la navette est préparée dans la perspective du lancement : on lui adapte notamment les fusées d'appoint et le réservoir de carburant servant à la phase de décollage.

LA NAVETTE SPATIALE

Le lancement de la première navette, le 12 avril 1981, marqua une étape importante dans l'histoire de la conquête spatiale. Jusqu'alors, le seul moyen d'envoyer dans l'espace des hommes et des équipements était d'utiliser des fusées, qui ne servaient qu'une seule fois. Pour que les voyages spatiaux se fassent à un rythme régulier, il fallait trouver le moyen de réutiliser un engin. Ce sont les Américains qui apportèrent les premiers une réponse, avec leur navette spatiale, ou STS. Cet engin se lance comme une fusée, mais se comporte comme un avion pour son retour sur Terre, ce qui permet de réutiliser deux des trois éléments principaux. Aujourd'hui, les navettes sont utilisées pour le largage, la récupération et la réparation de satellites et de sondes ; elles servent aussi de support à des laboratoires spatiaux.

LE DÉCOLLAGE
Deux minutes après le décollage de la navette du site de lancement, l'appareil s'allège de ses fusées d'appoint, puis de son réservoir de carburant six minutes plus tard. Il lui faut moins de dix minutes pour se placer en orbite. Depuis 1981, plus de 80 lancements ont été réussis. On voit ici le lancement d'Atlantis en octobre 1985, qui constituait la vingt et unième mission.

Couche extérieure en aluminium

Liège

Couche intérieure thermique

SÉCURITÉ POUR LE CARBURANT
Le réservoir de carburant de la navette est en aluminium, et sa hauteur dépasse celle d'un immeuble de 14 étages ! Il est spécialement conçu pour transporter et protéger son contenu.

Les fusées d'appoint brûlent leur carburant solide, puis sont larguées à environ 48 km d'altitude.

LA NAVETTE
Elle est composée de trois éléments principaux : l'orbiteur, le réservoir de carburant et les fusées d'appoint. L'orbiteur est l'avion qui transporte l'équipage et le matériel ; c'est l'élément qui se déplace jusqu'à l'espace, se met en orbite autour de la Terre, et ramène les astronautes sur notre planète. Le réservoir, gigantesque, contient le carburant liquide destiné aux moteurs de l'orbiteur. Quant aux fusées d'appoint, elles procurent la puissance nécessaire pour arracher l'ensemble à l'attraction terrestre.

Les tuiles de protection sont réalisées une à une, et toutes numérotées.

RÉSISTER À LA CHALEUR
Pour revenir sur notre planète, l'orbiteur traverse l'atmosphère terrestre où la température peut atteindre plus de 1 350 °C. La navette est protégée de cette chaleur intense par environ 27 000 tuiles noires qui doublent son ventre et absorbent la chaleur. Un composé carboné recouvre le dessous du nez et des ailes.

Le train d'atterrissage se trouve dans chacune des ailes ainsi que sous le nez de l'avion

L'AVION HYPERSONIQUE

Au cours des années 1960, le X-15 fut utilisé pour l'étude des vols à vitesse hypersonique. Il s'agissait d'un avion propulsé par fusées que l'on larguait à haute altitude, où se faisait l'allumage des moteurs de fusées. Le pilote conduisait un appareil qui volait à environ 6 500 km/h. L'expérience acquise avec un tel avion fut exploitée pour la conception de la navette.

ORBITEUR EN VOL

Les Etats-Unis utilisent actuellement quatre orbiteurs appelés Columbia, Discovery, Atlantis et Endeavour. Ici, on voit l'orbiteur Challenger à l'occasion de son deuxième vol, en juin 1983. Cette navette effectua neuf vols réussis, avant d'exploser juste après son décollage en janvier 1986.

Les portes de la soute sont ouvertes en mission.

LA NAVETTE RUSSE

D'autres pays que les Etats-Unis ont effectué des recherches sur la réutilisation des engins spatiaux, mais seuls les Soviétiques ont réussi à mettre aussi au point une navette. Celle-ci, appelée Bourane, effectua un seul vol orbital inhabité en novembre 1988. Elle parcourut deux orbites terrestres avant de revenir sur Terre pour se poser automatiquement.

LES ASTRONAUTES DE LA NAVETTE

Dans chaque navette, l'équipage se compose d'un commandant responsable du vol, d'un pilote d'orbiteur, et d'un certain nombre de voyageurs tous spécialisés. Ils s'occupent des différents systèmes de l'orbiteur et font des sorties dans l'espace. Les spécialistes du chargement, qui voyagent régulièrement ou non, travaillent avec des équipements spécifiques, ou mènent des expériences à bord.

Le commandant John Young (à gauche) et le pilote Robert Crippen s'entraînent dans la perspective du premier vol d'une navette spatiale.

Tunnel menant au laboratoire spatial

La cabine de pilotage et l'habitacle de l'équipage, conçu pour huit astronautes

Le réservoir externe de carburant est vidé dans les huit secondes et demie suivant le décollage. Il est ensuite largué et se désintègre dans l'atmosphère.

Les fusées d'appoint sont larguées et tombent dans l'océan, où on les repêchera pour les réutiliser.

Laboratoire spatial   *Ockels en chaussettes*

LABORATOIRE SPATIAL

L'un des participants à la mission Challenger de 1985 était le Néerlandais Wubbo Ockels. Il travailla dans le laboratoire pendant les sept jours que dura le vol. Sur les soixante-quinze expériences qui furent menées à bord, plusieurs étaient destinées à étudier la façon dont les voyages spatiaux peuvent affecter le corps humain (p. 38-39).

L'ATTERRISSAGE DE LA NAVETTE

Les moteurs embarqués de l'orbiteur permettent de manœuvrer dans l'espace et de le placer en position pour sortir de l'orbite et décélérer. L'orbiteur pénètre dans l'atmosphère à une vitesse de 24 000 km/h, en ralentissant en permanence. Les communications sont ensuite coupées douze à seize minutes. Puis l'orbiteur se pose à 344 km/h, pour s'immobiliser au bout d'une piste de 2,4 km.

LA COURSE À L'ESPACE

Deux nations ont particulièrement dominé l'intense et fructueuse période d'exploration de l'espace qui dura une quinzaine d'années autour de 1960 : les Etats-Unis et l'URSS (la Russie aujourd'hui). Chacun de ces deux pays souhaitait être le premier à réussir les avancées les plus significatives : envoyer dans l'espace un satellite, puis un homme ; mettre le premier voyageur sur orbite, ou envoyer la première femme dans l'espace ; faire la première sortie hors du vaisseau spatial ; et puis, surtout, être les premiers à marcher sur la Lune. Cette course à l'espace débuta avec le lancement de Spoutnik 1 par les Soviétiques, qui prouvèrent ainsi leurs capacités dans la conquête de l'espace aux Américains médusés par tant de maîtrise technique. Dès lors, chaque pays progressa en alternance.

CIGARETTES SPATIALES
Célébration, en russe, de l'amarrage dans l'espace d'Apollo (Etats-Unis) et de Soyouz 19 (URSS) en juillet 1975

L'envers du paquet de cigarettes commémorant l'amarrage Apollo-Soyouz : les textes sont ici rédigés en anglais.

Sphère d'aluminium de 58 cm de diamètre, comportant quatre antennes

SPOUTNIK 1
L'épopée spatiale débuta le 4 octobre 1957, avec le lancement du premier satellite artificiel par les Soviétiques. En orbite autour de la Terre, il effectuait une révolution en quatre-vingt-seize minutes et émettait par radio des « bip bip ».

EXPLORER 1
Vanguard, la fusée qui devait transporter le premier satellite américain, explosa sur l'aire de décollage. Mais ce satellite, Explorer 1, était déjà construit, et c'est le 31 janvier 1958 qu'il devint le premier satellite américain à être envoyé dans l'espace. C'est grâce aux instruments scientifiques embarqués à bord que furent découvertes les ceintures dites de Van Allen, qui sont des ceintures de radiation entourant la Terre.

Explorer 1 resta en orbite autour de la Terre pendant douze ans.

Cette partie du module est larguée au retour avant d'entrer dans l'atmosphère terrestre.

Laïka portait des électrodes pour surveiller son rythme cardiaque et sa respiration

L'une des sondes Luna. Luna 9 rapporta des vues panoramiques de la surface de la Lune.

LES SONDES LUNA
C'est en 1959 que les Soviétiques lancèrent la première sonde de la série Luna. Luna 1 fut le premier engin spatial à quitter la gravité terrestre. Luna 9 fut le premier engin à se poser avec succès sur la Lune le 31 janvier 1966. Ce sont aussi les Soviétiques qui, en 1961, envoyèrent la première sonde vers Mars (série Venera).

LAÏKA, PREMIER ÊTRE VIVANT ENVOYÉ DANS L'ESPACE
Un mois seulement après le lancement de Spoutnik 1, les Soviétiques envoyèrent dans l'espace le premier être vivant, à bord de Spoutnik 2 : il s'agissait d'une chienne appelée Laïka, qui voyagea dans un compartiment pressurisé matelassé. Elle périt au retour faute d'oxygène. Le satellite était nettement plus lourd que ce qui était nécessaire, ce qui donna aux Américains l'intuition que les Soviétiques envisageaient de mettre des hommes sur orbite. Leur fierté nationale s'en trouva blessée ; ils décidèrent d'entrer dans la course à l'espace et de la gagner.

APOLLO 11
Au début des années 1960, 377 000 personnes travaillèrent à l'envoi d'un homme sur la Lune. Dix missions Gemini réussies, avec à chaque fois deux hommes à bord, prouvèrent que les Américains étaient capables de faire une sortie hors du vaisseau, et d'effectuer un amarrage. Toutes ces avancées étaient nécessaires dans la perspective du programme Apollo destiné à emmener trois hommes jusqu'à la Lune (p. 22-23).

LE PREMIER HOMME

Le 12 avril 1961, Youri Gagarine devint le premier homme dans l'espace. Sanglé dans sa capsule Vostok 1, il fut mis en orbite avant de réintégrer l'atmosphère terrestre. Au bout de cent huit minutes passées dans l'espace, il s'éjecta de la capsule et regagna la terre ferme en parachute. On le voit ici avec Valentina Terechkova, la première femme cosmonaute, le 16 juin 1963, seule à bord de Vostok 6.

L'HOMMAGE AU HÉROS

Les compatriotes de Gagarine furent très nombreux à lui rendre hommage à son retour de l'espace : ils remplirent la gigantesque place Rouge, située en plein cœur de Moscou. Gagarine fut aussi considéré comme un héros partout dans le monde : il attira les foules en masse chaque fois qu'il allait à l'étranger.

Les trois hommes d'équipage travaillaient et dormaient dans le module de commande, qui fut la seule partie de l'appareil à revenir sur Terre.

LA PROMESSE D'UN PRÉSIDENT

À la fin des années 1950, les Etats-Unis consacrèrent des sommes plus importantes à la recherche spatiale et fondèrent leur agence spatiale, la Nasa. Le premier objectif était d'envoyer un homme dans l'espace, mais les Soviétiques battirent les Américains d'un mois. En mai 1961, le nouveau président des Etats-Unis, John F. Kennedy, définit un nouveau but : envoyer un homme sur la Lune et le faire revenir en bonne santé avant la fin de la décennie.

PREMIÈRE SORTIE

Une fois qu'ils eurent réussi à envoyer des hommes dans l'espace, Américains et Soviétiques préparèrent l'étape suivante : la sortie hors du vaisseau. C'est le Soviétique Alexeï Leonov qui, en mars 1965, réussit cette première sortie. Depuis le lancement, il portait une combinaison spéciale pour cet événement.

Les bras du support se rétractaient après l'allumage et avant le décollage.

LE DÉCOLLAGE

La fusée Saturn 5 fut mise au point pour lancer Apollo vers la Lune. Haute comme un immeuble de 33 étages, c'était à l'époque la fusée la plus puissante du monde. Le carburant représentait la plus grosse partie de son poids. Le tiers supérieur de la fusée était représenté par le module lunaire destiné à l'alunissage ; le module de service fournissait à l'équipage l'oxygène, l'eau, et l'électricité ; on voit, tout à fait en haut, le module de commande.

DE LA LUNE À MEXICO

Michael Collins (à gauche), Edwin « Buzz » Aldrin (derrière), et Neil Armstrong étaient les trois astronautes de la mission Apollo 11, à l'occasion de laquelle l'homme foula pour la première fois le sol lunaire. On les voit ici salués par la foule à Mexico. Après leur retour sur Terre, ils visitèrent vingt-quatre pays en quarante-cinq jours. Un million de personnes se regroupèrent en Floride (Etats-Unis) pour assister au décollage, mais il y avait encore plus de monde pour leur faire fête à leur retour. Collins était en orbite dans la capsule, quand ses deux compagnons marchaient sur la Lune.

COSMONAUTES, ASTRONAUTES ET SPATIONAUTES

Environ 350 personnes, ainsi que d'innombrables autres êtres vivants, ont voyagé dans l'espace. Tous ont été placés en orbite autour de la Terre, à l'exception des dix-huit hommes qui sont allés vers la Lune, dont douze ont marché dessus. Les voyages spatiaux attirent beaucoup de monde, puisqu'il y eut 20 000 candidats pour répondre à l'appel de l'ESA au début des années 1990 – la sélection en retint six seulement. Les astronautes sont des hommes et des femmes bénéficiant d'une excellente condition physique et mentale, et qui présentent une exceptionnelle aptitude dans une discipline scientifique. Les premiers à partir dans l'espace furent des animaux, afin de tester leurs réactions avant de programmer le premier vol humain. Aujourd'hui encore, des insectes, des oiseaux et des mammifères sont embarqués avec les astronautes.

Le symbole de la Fédération aéronautique internationale (FAI)

Le passeport comporte un texte, rédigé en cinq langues, demandant que l'on accorde toute l'assistance nécessaire à son titulaire.

La photo d'identité de Helen Sharman, astronaute britannique et propriétaire de ce passeport

PASSEPORT
Il existe toujours un risque que l'atterrissage doive se faire dans un pays différent de celui du lancement. Les astronautes emportent donc avec eux un passeport : celui-ci est délivré aux personnes embarquées dans des engins russes. On les appelle des cosmonautes, le terme astronaute étant réservé aux Américains et celui de spationautes aux Européens.

Belka

VOL LIBRE
Les astronautes qui sortent de leur vaisseau doivent y rester reliés, ou alors porter un MMU, sorte de fauteuil volant, qui leur permet de se propulser et de revenir vers l'appareil. En effet, en raison de l'absence d'air, ils ne peuvent pas « nager » pour regagner leur vaisseau.

Strelka

L'Américain Bruce McCandless, durant la mission Challenger de 1984, teste pour la première fois le MMU.

Ham, premier chimpanzé astronaute, surnommé de ce fait « chimpnaute »

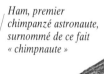

HAM
Si l'on a envoyé des chimpanzés dans l'espace, c'est parce qu'ils présentaient avec les humains des similitudes génétiques et qu'il était possible de leur enseigner un certain nombre de tâches. Le premier à avoir voyagé dans l'espace, en janvier 1961, s'appelait Ham. L'examen médical qu'il subit à son retour montra qu'il était en parfaite forme physique.

STRELKA ET BELKA
Les Soviétiques ont envoyé dans l'espace de très nombreux quadrupèdes. Le premier, en 1957, était la chienne Laïka, qui mourut au cours du vol de retour par manque d'oxygène. Deux autres chiens, Strelka et Belka, revinrent sains et saufs sur Terre après parachutage, en août 1960.

LES ABEILLES
En avril 1984, c'est un nid d'abeilles que l'on embarqua à bord de la navette spatiale Challenger. Comme la plupart des autres voyageurs, les abeilles éprouvèrent d'abord une certaine confusion face au phénomène d'apesanteur, mais se mirent à travailler autant que sur la Terre une fois qu'elles eurent retrouvé leurs repères.

Sur Terre, les grenouilles sont plaquées aux parois de leur petite capsule.

LES GRENOUILLES
Il y a plus de vingt ans, deux grenouilles-taureaux furent mises en orbite autour de la Terre pendant cinq jours pour le service de la recherche médicale sur l'oreille interne de l'homme. On compara les résultats obtenus avec les observations que l'on avait faites sur Terre en plaçant les deux batraciens dans une centrifugeuse.

SINGE-ÉCUREUIL
En décembre 1958, Gordo fut le premier singe-écureuil à être envoyé dans l'espace. Depuis, de très nombreux animaux : des chiens, des singes, des mouches, des poissons, des fourmis, des oursins, et plus de 2 000 méduses ont ainsi voyagé. Tous servirent à des expérimentations dans des domaines variés, et notamment les effets de la microgravité, la fertilité et la reproduction.

Animaux et hommes de l'espace ont des doublures pour le cas où l'un d'eux tomberait malade. Ici, un singe remplaçant en train de boire un jus de fruits.

Masque à oxygène

Hector, un rat blanc, fut envoyé dans l'espace par les Français.

LE ZOO DE L'ESPACE
En décembre 1966, deux singes, des serpents, des scarabées et des moucherons voyagèrent ensemble. Ils revinrent sur Terre au bout de deux semaines dans l'espace, et l'on étudia les effets qu'avait eus sur eux l'apesanteur. Ils embarquèrent à bord de Vostok, dans leur propre capsule. Les équipes de recherche médicale comparèrent les tissus osseux de la hanche des singes prélevés avant et après le vol. Les singes envoyés dans l'espace par les Russes sont dénommés selon l'ordre alphabétique russe. Un concours scolaire donna les noms de Lapik et Multik à ceux-ci.

PRÊT POUR DÉCOLLER
Les premiers animaux qui voyagèrent dans l'espace avaient une combinaison appropriée. Les Soviétiques en testèrent plusieurs pour déterminer celle qui assurerait aux chiens la meilleure protection. Ces derniers furent choisis, parce que leur circulation sanguine et leur respiration sont proches de la nôtre, et que ce sont des animaux patients.

LE RAT BLANC
Cela fait plus de trente ans qu'on envoie dans l'espace des souris et des rats. Parmi les premiers, citons le rat blanc Hector, qui fut propulsé à 161 km de la Terre, et qui réintégra sain et sauf notre planète trois minutes plus tard.

LE PREMIER HOMME SUR LA LUNE

La Lune est le seul autre monde où l'homme ait atterri. Depuis toujours, cet astre familier attise la curiosité ; et comme il est le plus proche de notre planète, il était logique qu'il constituât le premier objectif à atteindre. De 1969 à 1972, douze Américains y ont été envoyés, au cours de six missions Apollo (11 à 17, 13 fut interrompue). Ils ont passé au total un peu plus de dix-neuf jours, dont 80 h 18 mn hors de leur vaisseau. Sur place, ils effectuèrent des prélèvements de roches, firent des photographies, et menèrent des expériences concernant la Lune et son environnement. Les missions Apollo furent suivies par le monde entier : 733 millions de personnes, réparties dans 47 pays, regardèrent Neil Armstrong faire le premier pas sur la Lune, suivi par Edwin Aldrin.

Orion était le nom de code du module lunaire (LEM) d'Apollo 16.

Pendant que les deux astronautes explorent la Lune, la porte d'Orion reste fermée. Le troisième voyageur, Michael Collins, est à ce moment-là en orbite autour de la Lune dans le module de commande (capsule).

Les amortisseurs d'alunissage sont déployés pendant le trajet Terre-Lune. Ils servent de pieds à l'étage inférieur du LEM qui est la plate-forme de lancement de l'étage supérieur qui ramène les astronautes vers la capsule.

Du fait du manque d'atmosphère sur la Lune, il fallut « faire flotter » le drapeau américain en l'équipant d'un petit bras télescopique.

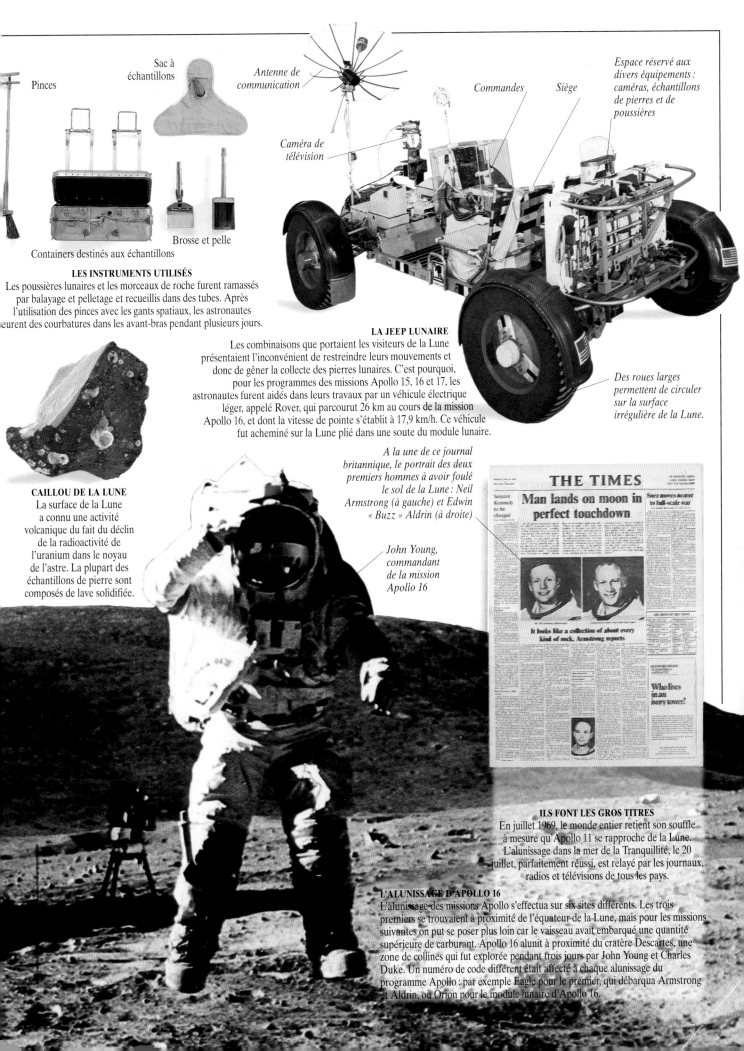

Pinces

Sac à
échantillons

Antenne de
communication

Caméra de
télévision

Commandes

Siège

Espace réservé aux
divers équipements :
caméras, échantillons
de pierres et de
poussières

Brosse et pelle

Containers destinés aux échantillons

LES INSTRUMENTS UTILISÉS
Les poussières lunaires et les morceaux de roche furent ramassés
par balayage et pelletage et recueillis dans des tubes. Après
l'utilisation des pinces avec les gants spatiaux, les astronautes
eurent des courbatures dans les avant-bras pendant plusieurs jours.

LA JEEP LUNAIRE
Les combinaisons que portaient les visiteurs de la Lune
présentaient l'inconvénient de restreindre leurs mouvements et
donc de gêner la collecte des pierres lunaires. C'est pourquoi,
pour les programmes des missions Apollo 15, 16 et 17, les
astronautes furent aidés dans leurs travaux par un véhicule électrique
léger, appelé Rover, qui parcourut 26 km au cours de la mission
Apollo 16, et dont la vitesse de pointe s'établit à 17,9 km/h. Ce véhicule
fut acheminé sur la Lune plié dans une soute du module lunaire.

*Des roues larges
permettent de circuler
sur la surface
irrégulière de la Lune.*

CAILLOU DE LA LUNE
La surface de la Lune
a connu une activité
volcanique du fait du déclin
de la radioactivité de
l'uranium dans le noyau
de l'astre. La plupart des
échantillons de pierre sont
composés de lave solidifiée.

*A la une de ce journal
britannique, le portrait des deux
premiers hommes à avoir foulé
le sol de la Lune : Neil
Armstrong (à gauche) et Edwin
« Buzz » Aldrin (à droite)*

*John Young,
commandant
de la mission
Apollo 16*

THE TIMES

**Man lands on moon in
perfect touchdown**

ILS FONT LES GROS TITRES
En juillet 1969, le monde entier retient son souffle
à mesure qu'Apollo 11 se rapproche de la Lune.
L'alunissage dans la mer de la Tranquillité, le 20
juillet, parfaitement réussi, est relayé par les journaux,
radios et télévisions de tous les pays.

L'ALUNISSAGE D'APOLLO 16
L'alunissage des missions Apollo s'effectua sur six sites différents. Les trois
premiers se trouvaient à proximité de l'équateur de la Lune, mais pour les missions
suivantes on put se poser plus loin car le vaisseau avait embarqué une quantité
supérieure de carburant. Apollo 16 alunit à proximité du cratère Descartes, une
zone de collines qui fut explorée pendant trois jours par John Young et Charles
Duke. Un numéro de code différent était affecté à chaque alunissage du
programme Apollo : par exemple Eagle pour le premier, qui débarqua Armstrong
et Aldrin, ou Orion pour le module lunaire d'Apollo 16.

Les astronautes
bénéficient d'une
formation théorique
sur les vaisseaux
spatiaux et la façon de
travailler dans l'espace,
mais ils doivent aussi
faire un certain
nombre d'exercices de
simulation. Pour leur
apprendre ce que
représente l'apesanteur, on
est obligé d'utiliser des
équipements spéciaux,
comme ce harnais sorti
de l'ESC, situé à
Transinne en
Belgique.

*Le harnais permet à
l'astronaute de s'habituer
à flotter librement.*

COMMENT DEVENIR ASTRONAUTE

C'est dans le monde entier que sont recrutés les hommes et les
femmes qui subiront l'entraînement leur permettant de voyager
dans l'espace. Ces équipages sont embarqués à bord, soit de
la navette américaine, où l'anglais est la langue dominante,
soit de la fusée russe Soyouz, où l'on parle russe. Dans un cas
comme dans l'autre, la préparation est similaire, avec des cours
théoriques et pratiques, notamment le passage dans des
simulateurs et des exercices sur la maquette de la station orbitale,
c'est-à-dire Spacelab ou Mir. La présélection des candidats
s'effectue tous les deux ans. Elle est suivie d'une formation
spécifique dans un domaine d'activité dans
l'espace, par exemple le pilotage ou une mission
extravéhiculaire. Seuls les meilleurs sont désignés
pour un vol spatial.

*L'entraînement à la
survie sur l'eau a lieu
en piscine et en mer.*

*Trois astronautes du programme
Apollo s'entraînent avant d'être
envoyés sur la Lune.*

ALERTE DANS LA JUNGLE
Les astronautes sont
entraînés à toutes sortes
de situations délicates et
de cas d'urgence. Ici, des
astronautes rassemblent des
feuilles et des branchages
pour se construire un abri à
la suite d'un atterrissage en
catastrophe simulé en pleine
jungle du Panama. Même
arrivé sur Terre, le voyage
n'est pas forcément terminé !

L'APPRENTISSAGE DE LA SURVIE
Les candidats astronautes reçoivent
une formation de parachutiste et de survie
sur Terre et en mer. Ici, l'Américain
Leroy Chiao dans un bateau de sauvetage
à l'occasion d'une sortie d'urgence
de la navette spatiale.

MARCHER SUR LA LUNE
Il n'est pas facile de se déplacer
avec une combinaison, surtout sur
la Lune où la gravité est six fois
moins grande que sur la Terre.
Les astronautes d'Apollo se sont
aperçus que le mieux était de faire
des bonds comme un cabri. Pour
préparer les voyages à venir
sur la Lune ou sur Mars, on peut
marcher assis dans une chaise
suspendue, comme celle-ci
qui vient de l'ESC.

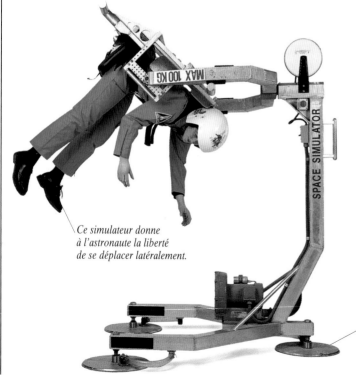

*Ce simulateur donne
à l'astronaute la liberté
de se déplacer latéralement.*

*Ce trépied flotte sur le sol,
simulant les conditions
de l'espace où il n'existe
pas de frottement.*

LA LIBERTÉ DE MOUVEMENTS
Il n'est pas facile de se préparer
à l'apesanteur. Pour cela, on fait des
simulations sur un siège, comme celui-ci
qui provient de l'ESC et permet toute
liberté de mouvements. Pour éprouver
l'apesanteur, on embarque aussi les
astronautes à bord d'un avion KC-135
modifié, que l'on fait tomber pendant
vingt à trente secondes d'environ
10 600 m à 7 300 m. Si cette expérience
est brève, elle peut être répétée jusqu'à
quarante fois par jour.

APESANTEUR SOUS L'EAU
Les astronautes en combinaison peuvent
s'exercer aux activités extravéhiculaires
dans de grands réservoirs d'eau, où l'on
ressent moins la gravité. Les astronautes
des navettes s'entraînent sur des modèles
en taille réelle. Ici, des ingénieurs travaillent
sur une maquette de station orbitale.

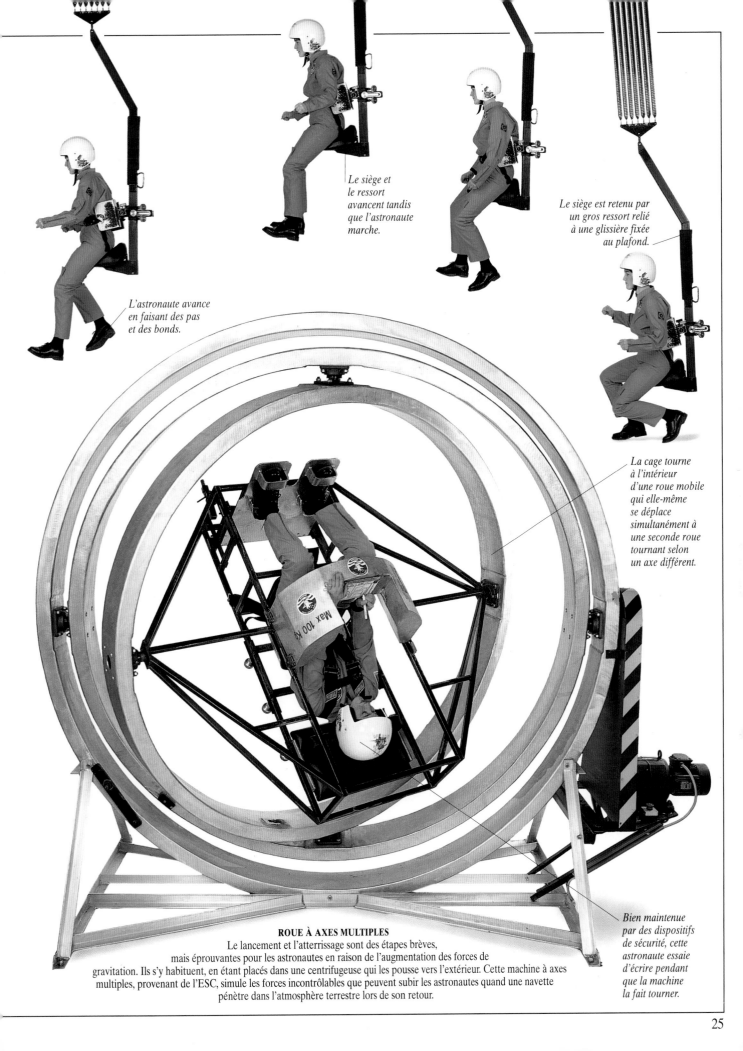

*Le siège et
le ressort
avancent tandis
que l'astronaute
marche.*

*L'astronaute avance
en faisant des pas
et des bonds.*

*Le siège est retenu par
un gros ressort relié
à une glissière fixée
au plafond.*

*La cage tourne
à l'intérieur
d'une roue mobile
qui elle-même
se déplace
simultanément à
une seconde roue
tournant selon
un axe différent.*

*Bien maintenue
par des dispositifs
de sécurité, cette
astronaute essaie
d'écrire pendant
que la machine
la fait tourner.*

ROUE À AXES MULTIPLES

Le lancement et l'atterrissage sont des étapes brèves,
mais éprouvantes pour les astronautes en raison de l'augmentation des forces de
gravitation. Ils s'y habituent, en étant placés dans une centrifugeuse qui les pousse vers l'extérieur. Cette machine à axes
multiples, provenant de l'ESC, simule les forces incontrôlables que peuvent subir les astronautes quand une navette
pénètre dans l'atmosphère terrestre lors de son retour.

LES COMBINAISONS À LA MODE

Une combinaison spatiale est destinée à protéger l'astronaute dans l'espace. Il en existe deux sortes : l'une que l'on porte à l'intérieur du vaisseau spatial et l'autre à l'extérieur. Les premières ont été conçues pour des astronautes qui volaient dans l'espace sans sortir de leur engin. Au moment du lancement, ils portaient la combinaison qu'ils garderaient pour manger, dormir, aller aux toilettes, et pour rentrer sur Terre. Vint ensuite la combinaison pour sortir et survivre dans l'espace. Avant la sortie, elle est pressurisée de façon que l'astronaute puisse respirer de l'oxygène. A l'extérieur, elle fait office de bouclier contre le changement de température et les micrométéorites qui peuvent frapper l'astronaute.

LA POUPÉE ASTRONAUTE

Les premières combinaisons spatiales s'inspiraient des scaphandres pressurisés utilisés dans les avions volant à haute altitude. Les astronautes devaient pouvoir plier leurs bras et leurs jambes. Les combinaisons Apollo pour les missions sur la Lune avaient des articulations en caoutchouc en forme de soufflet. Le dessin en a été simplifié pour ce jouet datant de 1966.

Sous-vêtement masculin isotherme pour l'espace (années 1960)

Système de récupération de l'urine pour astronautes (années 1960)

Valve d'évacuation de l'urine

LES SOUS-VÊTEMENTS DE L'ESPACE

Résoudre la question des excréments humains pose un problème de conception. Tout appareil de récupération doit permettre à l'astronaute d'être à l'aise et, en même temps, au sec. Ces appareils étaient essentiels dans les premiers vaisseaux sans toilettes, et le sont encore pour les sorties dans l'espace.

Équipement de survie portable

La combinaison de Youri Gagarine, le premier homme de l'espace, en 1961

La première combinaison utilisée à l'extérieur d'un vaisseau spatial, en 1965, celle d'Alexeï Leonov

Makarov a effectué des voyages dans quatre vaisseaux Soyouz.

La combinaison d'Oleg Makarov, utilisée entre 1973 et 1980

La combinaison utilisée sur la station spatiale Mir, dans les années 1980

Chaussures d'une seule pièce avec semelles et talons

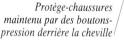

LA MODE RUSSE POUR L'ESPACE

Russes et américaines, les combinaisons ont été conçues pour remplir la même fonction et diffèrent peu. Les premiers cosmonautes russes portaient un « bleu » orange vif par-dessus leur combinaison spatiale afin d'être plus visibles au moment de leur récupération sur Terre. Puis vinrent des combinaisons plus modernes utilisées sur Mir. La première à être essayée à l'extérieur d'un vaisseau, en mars 1965, fut russe. Les combinaisons portées sur le vaisseau Soyouz ont été fabriquées pour permettre une plus grande liberté de mouvement aux cosmonautes.

Protège-chaussures maintenu par des boutons-pression derrière la cheville

L'oxygène arrive jusqu'au casque grâce à des tuyaux placés sur la surface intérieure.

Le revêtement doré de la visière renvoie la chaleur et la lumière.

Casque extérieur

Casque pressurisé

Casquette de communication

LE MODÈLE APOLLO 9

Les combinaisons spatiales Apollo ont été conçues pour être utilisées sur la Lune. L'astronaute portait à même la peau un vêtement une-pièce très léger avec des palpeurs servant à contrôler les réactions de son corps. Il enfilait ensuite un vêtement équipé d'un réseau de tuyaux de 91,44 m de long dans lequel circulait en permanence de l'eau fraîche afin que son corps soit maintenu à la bonne température et, par-dessus, la combinaison faite en fibres synthétiques, métal et plastique, très résistantes. Lorsque les astronautes sortaient de leur vaisseau, ils mettaient dans leur dos un équipement de survie portable qu'ils commandaient à partir d'un ensemble de boutons placés sur le thorax de la combinaison.

Sous-vêtement deux-pièces composé d'une veste à manches longues et d'un pantalon

« Bleu » une-pièce et sous-vêtements portés sous la combinaison spatiale, lors du lancement et au retour

Poche pour stylo

Fermeture Eclair d'un seul tenant

Gant pour l'extérieur placé par-dessus un gant d'intérieur pressurisé

MODE INTÉRIEURE

Les astronautes ont maintenant à leur disposition une série de vêtements d'intérieur. Dans la chaude atmosphère sans danger de l'orbiteur d'une navette ou d'une station spatiale, hommes et femmes portent T-shirts, shorts ou pantalons de survêtement. Des chaussettes gardent les pieds au chaud, mais il n'est nul besoin de chaussures. Cette combinaison sans manches et cette veste font partie de la garde-robe d'intérieur de Helen Sharman. En fait, il faisait beaucoup trop chaud sur Mir pour porter les deux en même temps lorsqu'elle a rejoint la station spatiale en 1991.

GEMINI, ANNÉE 1960

Un membre de l'atelier qui avait dessiné et créé les combinaisons des astronautes essaie une combinaison Gemini, celle que portaient les premiers Américains qui sont sortis dans l'espace.

Les couches externes protègent contre les changements de température et les micrométéorites.

Des sous-pieds maintiennent les pantalons en place.

Le contenu de la poche est préservé par une fermeture Eclair.

VIVRE DANS L'ESPACE

Les astronautes doivent faire ce que nous faisons sur Terre : manger, digérer, respirer, expirer, dormir, s'éveiller, se laver et aller aux toilettes. Tout ce qui est nécessaire à ces activités fondamentales est transporté, ou fabriqué, dans l'espace. La différence principale entre la vie terrestre et celle de l'espace est la microgravité. Des tâches apparemment simples, comme respirer à l'intérieur du vaisseau spatial, doivent être soigneusement étudiées. Lorsque les astronautes consomment de l'oxygène et rejettent du gaz carbonique, ils risquent de suffoquer. De l'oxygène frais est mis en circulation dans le vaisseau. La vapeur d'eau provenant de la respiration des astronautes est recueillie et recyclée pour être soit utilisée dans les expériences, soit bue.

SANS STABILITÉ
Toutes les choses qui ne sont pas attachées dans un vaisseau spatial vont bouger au moindre mouvement. La poussière ne se stabilise pas et doit donc être aspirée dans l'air.

SOUS PRESSION
Les fluides corporels ne descendent plus sous l'effet de la gravité et remontent vers la tête de l'astronaute. Pendant les premiers jours, son visage semble plus gros et ses narines sont bouchées. Des ceintures portées en haut de chaque jambe aident à contrôler le flux jusqu'à ce que le corps s'habitue.

L'HEURE DE LA GYM
Le mouvement ascendant des fluides dans le corps de l'astronaute provoque différents troubles : les reins produisent de l'urine en plus grande quantité, la concentration de sel du corps est perturbée, les muscles s'étiolent et sont moins aptes au travail. Environ deux heures d'exercice quotidien permettent de limiter ces troubles. Ici, on combine l'exercice et l'expérimentation. Pendant que le Canadien Robert Thirsk pédale, sa condition physique est contrôlée.

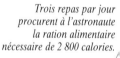

Trois repas par jour procurent à l'astronaute la ration alimentaire nécessaire de 2 800 calories.

Bœuf à la sauce aigre-douce

Ananas

Pêches

Tea w/Lemon & Artificial Sweetener
Lemon-Lime Drink
Boissons

Céréales avec des groseilles

Riz

Poire

Céréales

Poulet

Fruits et noix

QU'EST-CE QU'IL Y A POUR LE DÎNER ?
Les repas sont préparés longtemps avant le lancement. Parmi les plats emballés, certains sont prêts à être mangés, d'autres doivent être réchauffés et pour d'autres encore, il faut ajouter de l'eau. De nombreux aliments, comme les corn flakes, les boulettes de viande et le pudding au citron, sont semblables à ceux qu'on trouve sur Terre. Les aliments frais sont consommés au début du voyage ou lorsqu'ils viennent d'être livrés.

Petits pois

Amandes

La nourriture emballée reste sur le plateau grâce à des bandes Velcro. Elles sont aussi utilisées pour maintenir le plateau sur les genoux de l'astronaute

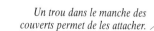

Un trou dans le manche des couverts permet de les attacher.

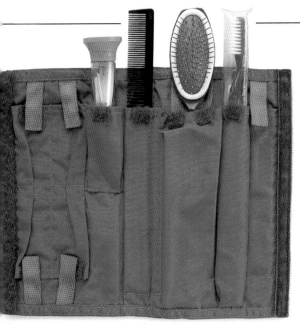

HYGIÈNE PERSONNELLE

Les vêtements des astronautes sont unisexes, mais pour leur hygiène personnelle, les astronautes masculins peuvent aussi emporter un rasoir. On donne aux cosmonautes qui partent sur la station Mir une pochette en tissu, qui se ferme avec du Velcro et qui contient des objets pour le soin des cheveux, des dents et des mains. Pour se laver les dents, le cosmonaute utilise une brosse et une pâte dentifrice comestible qui ne mousse pas, ou son doigt recouvert d'un tissu imprégné de pâte dentifrice.

Pochette d'hygiène personnelle donnée à l'astronaute britannique Helen Sharman qui séjourna à bord de Mir en 1991

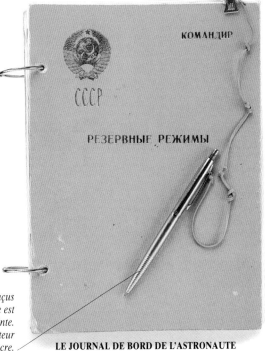

LE JOURNAL DE BORD DE L'ASTRONAUTE

Un astronaute tient toujours un journal de bord. Helen Sharman a suivi les procédures de lancement dans son journal pendant que celui-ci se déroulait. A bord de Soyouz TM-12, elle se dirigeait vers la station Mir avec deux cosmonautes russes dont elle avait appris la langue.

UN PAPILLON QUI VOLE HAUT

Tout ce dont un, ou une, astronaute peut avoir besoin dans l'espace lui est fourni par l'agence spatiale avec laquelle il ou elle voyage. Ils sont toutefois autorisés à prendre un ou deux objets personnels, s'ils sont petits et légers. Helen Sharman a emporté cette broche que son père lui avait offerte.

Dans les stylos conçus pour l'espace, l'encre est poussée vers la pointe. Sur Terre, la pesanteur fait descendre l'encre.

Serviettes en tissu, mouillée et sèche, pour se laver le visage

DOUCHE SPATIALE

La station spatiale américaine Skylab, dans l'espace en 1973-1974, était dotée des premières douche et toilettes privées. Ces dernières n'étaient pas fiables et gênaient les autres astronautes lorsqu'elles étaient en service. La douche avait une fuite et les astronautes ont passé un temps précieux à éponger. Les Américains ont décidé de ne plus en installer dans leurs vaisseaux et celle de Mir est rarement utilisée.

RESTER PROPRE

Les astronautes utilisent des serviettes humides pour se laver et pour nettoyer le vaisseau spatial. Certaines, comme ces serviettes russes, sont spécialement fabriquées pour l'espace. D'autres sont des couches-culottes que l'on trouve dans le commerce.

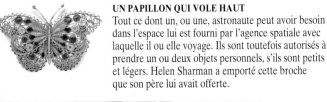

L'astronaute américain Pete Conrad dans la douche de Skylab

A l'intérieur du bloc étanche, l'eau est envoyée sur l'astronaute par jet d'air puis immédiatement aspirée.

Poignée servant aux astronautes pour se tenir

LES TOILETTES DE L'ESPACE

En entrant aux toilettes, l'astronaute enfile un gant de caoutchouc et choisit un entonnoir. Une fois celui-ci ajusté au tuyau, il s'assoit et le maintient près de lui. Le ventilateur est mis en marche et l'air aspire l'urine au fur et à mesure dans le tuyau. La cuvette des cabinets est pressurisée, ce qui colle de façon étanche l'astronaute au siège. Pour finir, l'astronaute utilise des serviettes en tissu pour s'essuyer et nettoyer les toilettes.

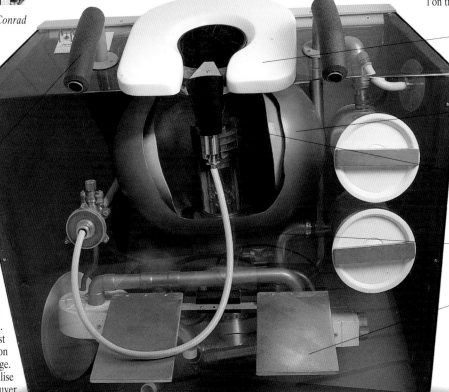

L'astronaute s'assoit ici, puis relève le siège pour nettoyer.

Toilettes en coupe et son mécanisme d'absorption

Entonnoir mixte maintenu tout contre l'astronaute pour recueillir les urines

L'urine est évacuée dans ce tuyau.

Repose-pieds

Modèle de toilettes spatiales provenant du Centre spatial européen, à Transinne en Belgique

LES ASTRONAUTES AU TRAVAIL

Pour l'homme de l'espace, une journée de travail peut se passer à l'intérieur ou à l'extérieur de son vaisseau spatial. A l'intérieur, il effectue les opérations courantes de contrôle et de maintenance ainsi que des expériences et des essais scientifiques. Parmi ceux-ci, l'étude des effets d'un voyage spatial sur le corps humain, l'expérimentation de nouveaux produits destinés à l'utilisation dans l'espace et la recherche sur la production alimentaire qui servira aux générations spatiales du futur. Des organisations commerciales envoient des expérimentations dans l'espace qui doivent être réalisées en condition de microgravité. Le travail à l'extérieur du vaisseau s'appelle EVA, l'astronaute est alors attaché à son vaisseau, ou bien il porte un MMU, un appareil dorsal motorisé.

Réparation du « Bubble Drop Particle Unit »

BRICOLAGE SPATIAL

A bord de Columbia, en 1996, il a fallu faire des réparations sur un appareil d'expérimentation durant le vol. Sur Terre, l'Espagnol Pedro Duque effectua exactement la même opération. Son travail fut enregistré et le film vidéo transmis à l'équipage en vol. Le Français Jean Jacques Favier et l'Américain Kevin Kregel purent alors effectuer la véritable réparation.

DES ORDRES VENUS D'EN BAS

Bien avant qu'ils ne quittent la Terre, des tâches sont assignées aux astronautes. Ce qui implique un travail étroit entre les scientifiques et les ingénieurs qui ont conçu les expériences dans les mois précédant le lancement. Une fois les astronautes dans l'espace, les scientifiques attendent anxieusement sur Terre que la mission s'accomplisse avec succès. Pendant ce temps, ils peuvent rester en contact grâce au téléscripteur.

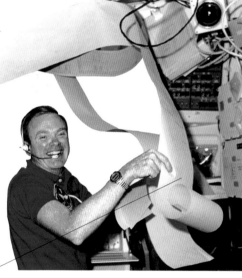

Des lunettes protectrices et un dispositif sur la tête permettent à l'astronaute de vérifier la façon dont il s'oriente.

L'astronaute américain Richard Linnehan dans Spacelab, à bord de Columbia en 1996

En 1985, la longueur du papier contenu dans Challenger équivalait à celle de plusieurs terrains de football !

FAIS ATTENTION À TOI

Pour certains travaux, l'astronaute est à la fois le scientifique et l'objet de ses propres recherches. Son travail consiste à étudier la façon dont le corps humain – son propre corps – réagit à l'environnement. Sur Terre, la gravité attire les objets vers sa surface, produisant une idée d'en haut et d'en bas. Dans l'espace, il n'y a ni l'un ni l'autre, et c'est parfois très gênant.

Un astronaute prépare des échantillons dans la « boîte à gants ».

TRAVAILLER DANS UNE « BOÎTE À GANTS »

Sur Mir, ou à bord de la navette spatiale américaine, dans le laboratoire européen Spacelab, des expériences venant du monde entier sont effectuées. Certaines doivent simplement être activées en arrivant dans l'espace, d'autres nécessitent une participation plus directe de l'astronaute. L'Américain Leroy Chiao (en haut) place des échantillons dans l'une des centrifugeuses se trouvant à bord tandis que l'Américain Donald Thomas a les mains dans la « boîte à gants », un appareil d'expérimentation hermétiquement fermé.

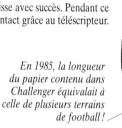

Attaches de sécurité

Ciseaux

Clé à boulons

Pinces

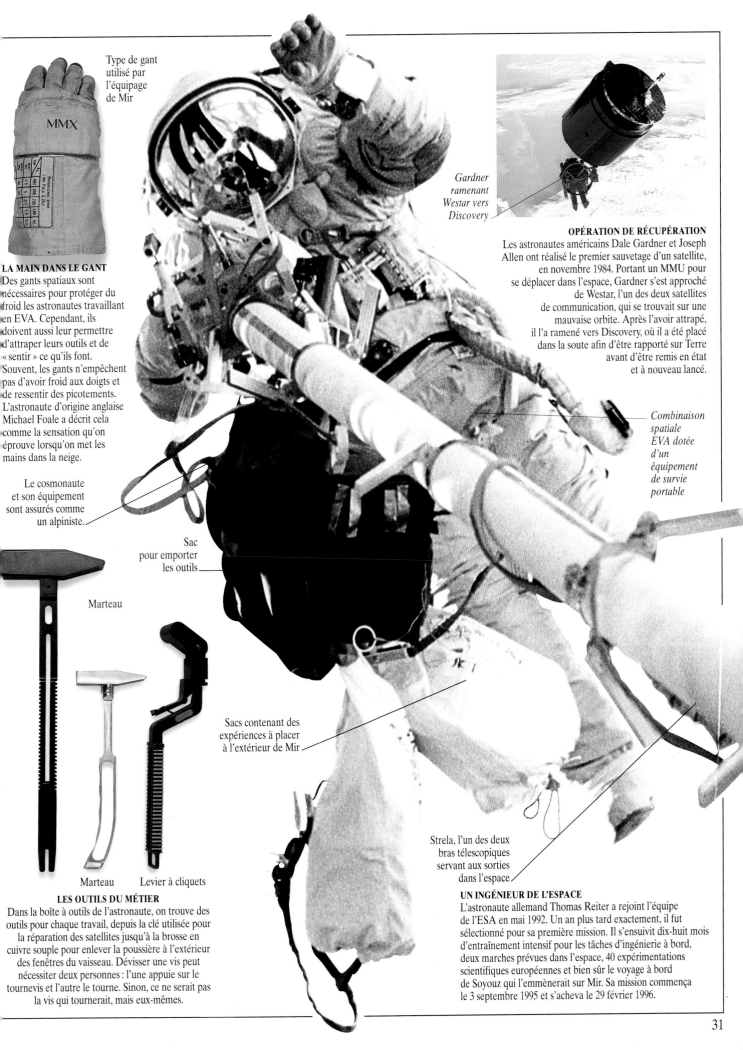

Type de gant
utilisé par
l'équipage
de Mir

MMX

LA MAIN DANS LE GANT
Des gants spatiaux sont
nécessaires pour protéger du
froid les astronautes travaillant
en EVA. Cependant, ils
doivent aussi leur permettre
d'attraper leurs outils et de
« sentir » ce qu'ils font.
Souvent, les gants n'empêchent
pas d'avoir froid aux doigts et
de ressentir des picotements.
L'astronaute d'origine anglaise
Michael Foale a décrit cela
comme la sensation qu'on
éprouve lorsqu'on met les
mains dans la neige.

Le cosmonaute
et son équipement
sont assurés comme
un alpiniste.

Sac
pour emporter
les outils

Marteau

Marteau   Levier à cliquets

LES OUTILS DU MÉTIER
Dans la boîte à outils de l'astronaute, on trouve des
outils pour chaque travail, depuis la clé utilisée pour
la réparation des satellites jusqu'à la brosse en
cuivre souple pour enlever la poussière à l'extérieur
des fenêtres du vaisseau. Dévisser une vis peut
nécessiter deux personnes : l'une appuie sur le
tournevis et l'autre le tourne. Sinon, ce ne serait pas
la vis qui tournerait, mais eux-mêmes.

Gardner
ramenant
Westar vers
Discovery

OPÉRATION DE RÉCUPÉRATION
Les astronautes américains Dale Gardner et Joseph
Allen ont réalisé le premier sauvetage d'un satellite,
en novembre 1984. Portant un MMU pour
se déplacer dans l'espace, Gardner s'est approché
de Westar, l'un des deux satellites
de communication, qui se trouvait sur une
mauvaise orbite. Après l'avoir attrapé,
il l'a ramené vers Discovery, où il a été placé
dans la soute afin d'être rapporté sur Terre
avant d'être remis en état
et à nouveau lancé.

Combinaison
spatiale
EVA dotée
d'un
équipement
de survie
portable

Sacs contenant des
expériences à placer
à l'extérieur de Mir

Strela, l'un des deux
bras télescopiques
servant aux sorties
dans l'espace

UN INGÉNIEUR DE L'ESPACE
L'astronaute allemand Thomas Reiter a rejoint l'équipe
de l'ESA en mai 1992. Un an plus tard exactement, il fut
sélectionné pour sa première mission. Il s'ensuivit dix-huit mois
d'entraînement intensif pour les tâches d'ingénierie à bord,
deux marches prévues dans l'espace, 40 expérimentations
scientifiques européennes et bien sûr le voyage à bord
de Soyouz qui l'emmènerait sur Mir. Sa mission commença
le 3 septembre 1995 et s'acheva le 29 février 1996.

LE REPOS ET LES DISTRACTIONS

Les astronautes ont autant de temps de loisirs dans l'espace qu'ils en auraient s'ils étaient sur Terre. Lorsque le travail de la journée est terminé, ils peuvent

L'astronaute américain Bill Lenoir avec son requin en caoutchouc

avoir envie de se livrer à leur passe-temps favori – lecture, photographie, musique – ou bien se réunir pour jouer aux cartes. Quelle que soit leur préférence, ils vont sûrement passer du temps à simplement regarder dans le vide, par la fenêtre du vaisseau. Regarder la Terre qui est loin en dessous est une occupation dont aucun astronaute ne se lasse. Lorsque les premiers astronautes se sont envolés dans l'espace, ils devaient rendre compte de chaque minute de leur temps et le contrôle, au sol, écoutait tout ce qui se passait dans le vaisseau. Maintenant, il est prévu des moments dans l'emploi du temps pour que chaque astronaute se détende et profite de ces moments uniques.

Sans pesanteur pour le tirer vers le bas, un Yo-Yo envoyé latéralement revient horizontalement.

ÉCRIRE À LA MAISON
L'ordinateur portable peut aider certains astronautes à rester en contact avec leur famille et leurs amis quotidiennement. D'autres préfèrent écrire des lettres. Les astronautes de Mir font fonctionner leur propre bureau de poste. Les lettres sont timbrées et datées lorsqu'elles sont écrites et remises lorsque l'astronaute revient sur Terre. Ce timbre français pour le courrier ordinaire rend hommage à la correspondance.

REPUBLIQUE FRANÇAISE

MEZIERES   POSTES 1988
LA COMMUNICATION   2,20

Ces « osselets » restent en suspens puisqu'il n'y a pas de pesanteur pour les maintenir sur une surface.

Sur Terre, on peut faire une chaîne de sept billes magnétiques avant que la pesanteur ne les sépare.

Dans l'espace, puisque les billes n'ont pas de poids, on peut continuer la chaîne en en rajoutant d'autres.

RESTEZ TRANQUILLES !
Sur la Terre, on doit ramasser toujours plus d'« osselets » au sol entre le moment où on jette la balle en l'air et celui où on la rattrape. Dans l'espace, les « osselets » restent en suspension dans l'air, mais s'éloignent sans cesse l'un de l'autre. La balle est envoyée contre un mur du vaisseau et rattrapée quand elle revient.

La boisson se répand toute seule, à moins de refermer l'embouchure entre chaque gorgée.

L'HEURE DU GOÛTER
Les astronautes gourmands peuvent prendre une variété d'aliments et de boissons entre les repas. Fruits secs, cacahouètes, biscuits qui ne s'émiettent pas, boissons chaudes ou froides complètent leur alimentation. Ils proviennent généralement de paquets ou de tubes hermétiquement clos. Une fois cette boîte de Coca ouverte dans l'espace, la boisson peut se répandre librement, il faut donc y ajuster une embouchure spéciale pour boire.

La guitare se dégonfle et se range facilement.

L'astronaute allemand Thomas Reiter, lors de son séjour de 179 jours sur Mir

DES ACCORDS COSMIQUES
Les bandes magnétiques sont légères et petites, deux qualités importantes pour les objets non essentiels emportés dans l'espace. Chanter avec la cassette peut être agréable, mais si un astronaute se repose, un autre travaille encore à quelques mètres, on ne peut donc pas mettre la musique trop fort. Quelquefois des astronautes en visite apportent de nouvelles cassettes. En novembre 1995, un équipage d'Atlantis s'est amarré brièvement à Mir et a laissé un cadeau original en partant : une guitare gonflable.

LES JOUETS DE L'ESPACE

Dix jouets familiers furent embarqués sur la navette spatiale Discovery, lancée dans l'espace en avril 1985. Ces dix jouets, plus un fabriqué par les astronautes dans l'espace, un avion en papier, sont devenus les vedettes d'une vidéo éducative. L'entrepont s'est transformé en salle de jeux lorsque les astronautes ont fait des expériences avec ces jouets, parmi lesquels on trouvait un Yo-Yo, des « osselets » et des billes magnétiques.

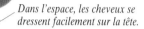

Dans l'espace, les cheveux se dressent facilement sur la tête.

LES CHEVEUX SE DRESSENT

Dans l'espace, nettoyer ses vêtements et ses cheveux ne fait pas partie des priorités. Les vêtements sont empaquetés et ramenés sales. On peut éviter de se laver les cheveux si le voyage est court. S'il faut le faire, on ne peut pas utiliser comme d'habitude beaucoup d'eau et du shampooing. On se passe sur les cheveux un chiffon imprégné d'une substance ressemblant à du shampooing.

L'Américaine Susan Helms essaie un shampooing spatial.

Un boudin gonflable soutient le sac de couchage.

Des chaussettes en lainage donnent à Wubbo Ockels plus de chaleur et de confort.

UN PHOTOGRAPHE DE L'ESPACE

Prendre des photos dans l'espace est une façon de garder vivant un souvenir unique. Des caméras permettant de prendre des photos, des diapositives, des vidéos et des films sont à bord du vaisseau spatial. Les astronautes fabriquent un dossier officiel du voyage, mais filment aussi pour le plaisir. L'Américain Karl Henize prend des photos à travers la fenêtre de l'orbiteur de la navette spatiale Challenger, pour immortaliser la scène qui se passe dans l'aire de chargement au-dehors.

A bord de la navette spatiale Challenger, en 1985, Wubbo Ockels se glisse dans son sac de couchage.

BONNE NUIT, DORMEZ BIEN !

Auparavant, les astronautes dormaient sur leur siège ou dans des hamacs suspendus temporairement. Aujourd'hui, le confort est plus grand : ils peuvent utiliser des sacs de couchage attachés sur les côtés du vaisseau spatial ou bien une couchette privée avec une couverture et des draps qui étouffent le bruit et restreignent la microgravité. Ce sac de couchage spécial a servi, dans les années 1980, à bord de la navette spatiale et sur Mir.

DANGERS ET CATASTROPHES

L'élaboration et la préparation d'une mission spatiale demandent un grand soin. Une fois que la fusée et son chargement quittent le sol, personne ne peut faire grand-chose si cela tourne mal. La plus petite erreur peut entraîner la fin d'un projet d'un milliard de dollars. Des années de travail et d'espoir, les attentes de centaines de personnes peuvent être perdues en une seconde. Des erreurs sont possibles et des problèmes surgissent. Cela varie du rhume d'un astronaute qui oblige à reporter le vol, jusqu'à la perte d'une vie humaine, en passant par tous les projets qui échouent. Mais les grosses catastrophes sont rares et l'envoi de vaisseaux et d'astronautes dans l'espace a jusqu'à présent, incroyablement réussi.

DES VOISINS
La base américaine de lancement de navettes spatiales se trouve en Floride, près d'un refuge pour animaux sauvages. Le balbuzard fait partie des 300 espèces d'oiseaux de cette région. Les techniciens de l'espace vérifient régulièrement que les oiseaux ne font pas leur nid au mauvais endroit.

PROBLÈME DE PARACHUTE
Vladimir Komarov fut le premier homme à mourir lors d'un vol spatial. Après une journée dans l'espace, il revint sur Terre le 24 avril 1967. Les cordes du parachute du Soyouz 1 s'étant emmêlées le parachute ne s'est pas ouvert, le vaisseau s'est écrasé au sol et a pris feu.

Les membres de l'équipage d'Apollo 13 reçoivent les honneurs. Leur mission fut considérée comme un « échec réussi » en raison de l'expérience acquise en matière de sauvetage.

Le président Nixon accueille l'équipage d'Apollo 13, de retour aux Etats-Unis.

L'ÉCHEC D'UNE MISSION
Le 13 avril 1970, deux jours après le lancement, le voyage d'Apollo 13 vers la Lune fut interrompu lorsqu'un réservoir d'oxygène se rompit et provoqua une explosion qui endommagea les systèmes d'énergie et de vie à bord. Cet incident important fut calmement transmis à la Terre en ces termes : « Houston, nous avons un problème. » L'alunissage prévu fut abandonné et tous les efforts furent entrepris pour que les trois hommes de l'équipage reviennent sains et saufs.

John Swigart Jr   Fred Haise   James Lovell   Richard Nixon

ENFIN DE RETOUR !
L'explosion à bord d'Apollo 13 s'est déroulée dans le module de service et a mis le moteur hors service. Les astronautes ont utilisé le moteur du module lunaire, qui devait servir sur la Lune, pour les faire tourner autour de celle-ci et les ramener sur Terre. Tout le monde fut soulagé lorsque les astronautes furent remontés à bord du navire de récupération.

FEU ÉCLAIR
Trois astronautes américains, Virgil Grissom, Edward White et Roger Chaffee, ont péri dans un incendie qui a ravagé la capsule d'Apollo 1, le 27 janvier 1967. Ils étaient au sol et répétaient le lancement, pour un vol qui devait avoir lieu vingt-cinq jours plus tard. Les astronautes ne purent pas ouvrir pour s'échapper. Le vaisseau spatial fut ensuite redessiné.

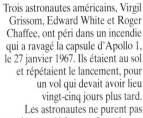

Des urnes contenant les restes des cosmonautes morts ont été placées dans le mur du Kremlin.

Les effets de la chaleur intense sont visibles sur les parois extérieures du module de commande.

RETOUR DE L'ESPACE
Après vingt-trois jours à bord de la station orbitale Saliout 1, les cosmonautes Georgi Dobrovolsky, Vladislav Volkov et Viktor Patsayev ont entamé leur voyage de retour. Comme ils approchaient de la Terre, le 30 juin 1971, l'air s'est échappé de leur capsule. Aucun des trois hommes ne portait de combinaison spatiale et ils sont morts avant d'atterrir.

L'une des sept nacelles de secours pouvant emporter trois astronautes vers le sol

Badge personnalisé pour l'institutrice embarquée sur la navette spatiale

La navette Challenger effectua son premier vol en 1983. Cette mission en 1986 était la dixième pour ce vaisseau spatial.

L'ISSUE DE SECOURS

Des procédures d'urgence ont été mises en place pour permettre aux astronautes de quitter rapidement leur vaisseau. S'ils sont dans une navette spatiale, le chemin de la sortie, avant les 30 dernières secondes du compte à rebours, passe par une nacelle. Il leur faut 35 secondes pour glisser au sol, c'est ce que répètent ici les astronautes. A l'arrivée, ils s'installent dans un abri jusqu'à ce qu'ils entendent : « *all clear* » (la voie est libre).

Les astronautes vérifient la sortie de secours de la rampe de lancement, lors d'une répétition en tenue.

Sigle de la Nasa, l'agence spatiale américaine

L'INSIGNE DE CHALLENGER

Soixante-treize secondes après le décollage, le 28 janvier 1986, la navette spatiale Challenger a explosé. Un joint défectueux dans cette fusée de lancement du vaisseau spatial Challenger entraîna une fuite de combustible qui provoqua l'explosion fatale. Les sept membres d'équipage furent tués, y compris Christa McAuliffe, une enseignante qui avait gagné un concours national aux Etats-Unis pour voyager à bord du vaisseau et avait même prévu de faire classe depuis l'espace. La préparation de la rampe de lancement et le décollage font partie des étapes les plus dangereuses d'une mission. Ce fut la première mission qui ne réussit pas à atteindre l'espace après le décollage.

PERDU DANS L'ESPACE

En février 1996, des astronautes mettaient un satellite sur orbite lorsque la longe de 20,6 km de long qui le reliait à la navette spatiale Columbia cassa net. Il fut alors considéré comme perdu. Des astronautes avaient déjà essayé, sans succès, de déployer ce satellite italien quatre ans plus tôt. Une fois déployé, il aurait ensuite été entraîné dans le champ magnétique terrestre pour générer de l'électricité.

Après avoir parcouru 10,06 m seulement, la longe de 20,6 km cassa et le satellite fut perdu.

MARS 96

La sonde spatiale russe Mars 96 fut lancée avec succès à partir de la base de Baïkonour, le 16 novembre 1996, mais environ une demi-heure après le décollage, le contact avec la sonde fut perdu. Le quatrième groupe de fusées de lancement n'a pas réussi à sortir Mars 96 de l'orbite terrestre et à la placer en direction de sa cible, Mars.

PROBLÈME DE COUPS DE BEC

Ce pic au plumage rayé de jaune a retardé le lancement d'une navette spatiale en juin 1995. Discovery était prête pour le décollage sur la rampe de lancement, mais il fallut la rentrer dans le hangar. On s'était aperçu que les pics avaient percé plus de 75 trous avec leur bec dans la mousse isolante du réservoir principal de carburant. On a maintenant disposé des chouettes en plastique pour effrayer les pics.

Boîte expérimentale récupérée dans les marécages de la Guyane française, près du site de lancement d'Ariane 5

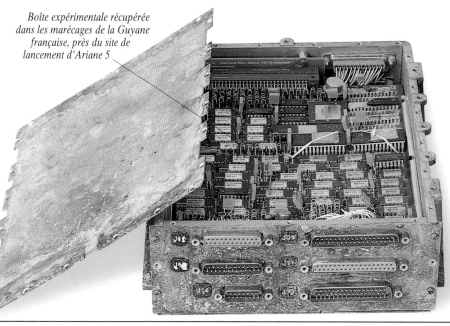

PROPRIÉTÉ PERDUE

L'échec de Mars 96 entraîna un contretemps sérieux pour l'exploration de Mars et le programme spatial russe. La sonde avait été programmée pour faire atterrir quatre sondes sur Mars en septembre 1997. La perte des expériences qui se trouvaient à bord de cette sonde eut lieu cinq mois seulement après la destruction des expériences placées dans Ariane 5 qui explosa peu après son lancement, à cause d'un problème de logiciel informatique.

L'idée d'une ville dans le ciel n'est pas nouvelle. La ville de Laputa existait déjà dans les *Voyages de Gulliver*, roman écrit par Jonathan Swift en 1726. On trouve cette variante sur la couverture d'un album de bandes dessinées américain de 1929.

LES STATIONS ORBITALES

A environ 400 km au-dessus de la Terre, une station spatiale décrit une orbite autour de notre planète toutes les 92 minutes. Son nom est Mir et elle est en place depuis février 1986. Une station spatiale telle que Mir est une maison dans l'espace : des astronautes peuvent parfois rester à bord pendant des mois. Ils effectuent des expériences, font des observations et recueillent des données précieuses sur la façon dont les humains font face à la vie dans l'espace sur une longue période. Les records individuels du nombre d'heures total passées dans l'espace et du séjour le plus long sans interruption ont été réalisés sur Mir. C'est la huitième station spatiale russe ; les précédentes avaient pour nom Saliout.
Les Etats-Unis avaient une station dans les années 1970, Skylab.

Premier module Mir dans l'espace, c'est là que vit l'équipage

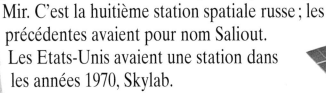

Panneaux solaires sur Soyouz destinés à produire de l'électricité

Le port d'amarrage de Mir est assez grand pour accueillir en même temps cinq vaisseaux en visite.

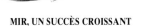

MIR, UN SUCCÈS CROISSANT
Des astronautes ont vécu sur Mir dès février 1987. Depuis, la station s'est agrandie. On a ajouté de nouveaux modules au module de vie initial qui est ainsi devenu cinq fois plus grand. Cette maquette montre ce à quoi il ressemblait en 1988. Une photo en bas à droite montre le Mir moderne tel qu'il est aujourd'hui. Il y a en général deux ou trois équipages à bord, mais il pourrait y en avoir jusqu'à six. Les équipages viennent de nombreux pays différents et arrivent sur des vaisseaux Soyouz ou des navettes spatiales.

Artsebarski est resté sur Mir pendant 145 jours, Krikalayev (à droite) pendant 310 jours.

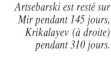

LES PREMIERS PAS VERS L'ESPACE
Trois cosmonautes marchent sur le site de lancement de Baïkonour vers la fusée Soyouz TM 12 qui doit les emmener sur Mir, en mai 1991. La Britannique Helen Sharman (à gauche) fut la première femme à se rendre sur Mir ; elle resta à bord pendant huit jours.
Le commandant, Anatoli Artsebarski, tout comme Sharman, volait pour la première fois. Mais le mécanicien de bord Sergueï Krikaliëv (à droite) avait déjà séjourné sur Mir deux ans auparavant.

Les combinaisons spatiales sont ignifugées, étanches, hermétiques à l'air et ventilées. Le casque est mis en dernier.

LA VIE EN HAUTEUR

La septième et dernière station spatiale Saliout fut lancée en avril 1982. Saliout 7 était en orbite à environ 322 km au-dessus de la Terre jusqu'en février 1991. Le premier équipage était constitué d'Anatoli Berezovoï (en haut) et de Valentin Lebedev qui ont séjourné 211 jours dans l'espace, établissant ainsi un record. Cette station spatiale a aussi abrité le premier équipage mixte de l'espace.

Le Russe Sergueï Avdeev est resté sur Mir de septembre 1995 à février 1996.

Le cachet exclusif du bureau de poste de Mir est apposé à la main.

UNE CARTE POSTALE DE L'ESPACE

Des cartes postales de ce type sont passées par un bureau de poste qui se trouve réellement hors de ce monde, à bord de Mir. Le cachet de cette poste, unique en son genre, a été apposé à la main. L'équipage a timbré et signé, à la fin de 1987, environ 1 000 enveloppes pour des philatélistes du monde entier.

A L'INTÉRIEUR DE MIR

L'intérieur de Mir est semblable, par sa forme et sa taille, à l'intérieur d'un wagon de train. Cependant, il n'y a ni plancher ni plafond de telle sorte que, quelle que soit la direction où l'on regarde, on voit un équipement servant soit au fonctionnement de la station, soit aux expériences, soit aux besoins quotidiens des cosmonautes.

Kvant, premier module d'expansion ajouté à Mir en avril 1987. Il est utilisé pour les sciences et l'astronomie.

Progress s'amarre uniquement sur le port arrière de Mir.

Progress, vaisseau sans équipage, fait le va-et-vient entre Mir et la Terre avec des chargements de carburant, de nourriture, d'eau et de courrier.

L'UNION SPATIALE

En juin 1995, la navette américaine s'est amarrée à la station russe Mir pour la première fois, formant ainsi le plus gros vaisseau spatial jamais placé en orbite. L'équipage de la navette américaine Atlantis avait une fête spéciale à célébrer : il était le centième à être lancé par les Etats-Unis.

Photo d'Atlantis s'éloignant de Mir, prise par Solovyev et Boudarine qui avaient temporairement quitté Mir à bord d'un vaisseau spatial Soyouz

FAIRE DU STOP

L'équipage russe, Anatoli Solovyev et Nicholaï Boudarine, est arrivé sur Mir à bord d'Atlantis. Quand la navette fut amarrée à Mir, les écoutilles furent ouvertes des deux côtés. Les Russes et les cinq Américains de l'équipage furent accueillis sur Mir avec les honneurs. Cinq jours plus tard, l'équipage se sépara, en laissant seulement les deux Russes sur Mir.

DES ADIEUX CHALEUREUX

Atlantis et Mir furent amarrés pendant environ 100 heures, alors qu'ils étaient en orbite autour de la Terre, en juin 1995. A bord se trouvaient sept astronautes qui étaient arrivés sur Atlantis plus deux Russes et un Américain qui étaient déjà sur Mir. Ces trois derniers revinrent sur Terre à bord d'Atlantis avec des échantillons médicaux recueillis pendant leur séjour dans l'espace.

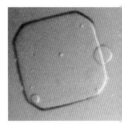

Badge du Spacelab 2,
en 1985

UNE SCIENCE SANS GRAVITÉ

A l'intérieur comme à l'extérieur du vaisseau spatial placé en orbite autour de la Terre, les astronautes surveillent, contrôlent et effectuent des expériences qui ont été élaborées par les agences spatiales, des entreprises industrielles, des universités ou des écoles.

Il peut s'agir de découvrir comment les êtres vivants – astronautes, insectes ou plantes – réagissent dans l'espace en absence de gravité (apesanteur) ou bien d'étudier des processus chimiques et le comportement des matériaux. Les connaissances acquises sont utilisées pour planifier le futur de l'espace et sont aussi appliquées à la vie sur Terre. L'expérimentation peut ne représenter qu'une partie de la charge de travail de l'équipage.

UN CRISTAL
Voici un cristal de protéines de plasma humain qui s'est développé dans l'espace. Les cristaux qui y ont poussé sont plus gros et mieux organisés que ceux qui se forment sur Terre. Leur étude est utile pour la fabrication de médicaments.

Robert Bondar vérifie les semis d'avoine dans une boîte d'expérimentation à bord de Discovery.

SPACELAB
Dans la soute de l'orbiteur voyage un laboratoire conçu pour l'espace, Spacelab. Il s'agit d'une cabine pressurisée dans laquelle les astronautes travaillent. De plus, des palettes en forme de U, à l'extérieur de la cabine, permettent d'exposer directement les instruments à l'espace. C'est en 1983 que Spacelab effectua son premier vol. La durée moyenne d'un vol est de dix jours. On voit ici l'introduction du laboratoire de l'ESA dans la soute de la navette, avant un vol.

ÇA POUSSE BIEN
En mars 1982, on envoya dans l'espace, à bord de Columbia, des bacs indépendants avec des graines pour tester la façon dont l'apesanteur affecte le développement des plantes. Ces deux séries de semis viennent de cette expérience. Ils ressemblaient beaucoup à des semis ayant poussé sur la Terre à part quelques petites racines qui poussaient vers le haut.

UNE MISE EN BOÎTE INTELLIGENTE
Le Canadien Robert Bondar faisait partie d'une équipe de sept astronautes chargée de réaliser des expériences à bord d'une navette spatiale, en janvier 1992. Ils devaient, entre autres, étudier les effets de l'apesanteur sur des semis de lentilles et d'avoine ainsi que sur des œufs de crevette et de drosophile (mouche du vinaigre).

Semis d'avoine

Semis de haricots

L'ŒUF DE MIR
La première créature terrestre née dans l'espace est sortie de sa coquille le 22 mars 1990. Quarante-huit œufs de cailles japonaises avaient été mis à bord de la station spatiale Mir et placés dans un incubateur spécial muni de systèmes de ventilation, d'alimentation, d'évacuation et de conservation. Puis les astronautes, sur Mir, et les scientifiques, restés sur Terre, ont attendu. Le dix-septième jour, les premiers œufs ont commencé à s'ouvrir en se fendillant et six poussins en sont sortis, l'un après l'autre. La naissance n'a pas eu une grande répercussion en dehors du monde des biologistes ; mais ce fut un moment clé de la recherche sur la reproduction dans l'espace.

Œuf de caille fendillé
au début de l'éclosion

Les plumes du poussin apparaissent lorsque l'œuf se casse.

TRAVAILLER ENSEMBLE : EXPÉRIMENTATION

Un astronaute effectue des expériences dans l'espace pour le compte de scientifiques qui restent sur Terre. Ici, à droite, l'un d'eux donne ses instructions à l'astronaute qui va avoir la responsabilité de son télescope Chase dans l'espace. Ils vérifient les commandes permettant de pointer l'appareil correctement.

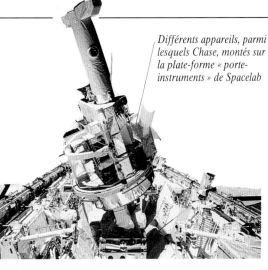

Différents appareils, parmi lesquels Chase, montés sur la plate-forme « porte-instruments » de Spacelab

CHASE : L'INSTRUMENT

Ce télescope solaire participait à la deuxième mission de Spacelab à bord de Challenger durant l'été 1985. Il est placé dans la soute de l'orbiteur. Le télescope, nommé Chase, mesure la quantité d'hélium contenue dans les couches extérieures du Soleil.

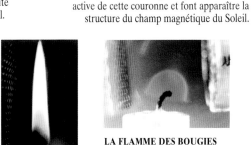

LES IMAGES SOLAIRES : LES RÉSULTATS

Chase a réalisé ces images du soleil. Les couleurs sont fausses pour faire ressortir les détails. Ce sont des images des couches de gaz externes de la couronne du Soleil. Elles représentent une partie particulièrement active de cette couronne et font apparaître la structure du champ magnétique du Soleil.

TOUT, EN UNE JOURNÉE DE TRAVAIL

Le spationaute français Jean-Jacques Favier porte ici le TRE, qui est l'une des expériences destinées à étudier les effets de l'apesanteur sur le corps humain. Dans le LMS se trouvant à bord de Columbia en 1996, on étudiait aussi la perte des tissus osseux, les performances musculaires et les dépenses d'énergie de Jean-Jacques Favier et d'autres membres de l'équipage.

L'Américain Richard Linnehan teste la réaction de ses muscles avec l'appareil à poignée.

Les astronautes utilisent des étriers pour rester stables pendant qu'ils travaillent.

Le TRE

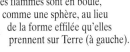

LA FLAMME DES BOUGIES

On sait que des facteurs comme la pesanteur et l'atmosphère ont une influence sur la propagation d'un feu sur Terre, mais qu'en est-il dans l'espace ? Des tests ont montré que, dans ce milieu, les flammes sont en boule, comme une sphère, au lieu de la forme effilée qu'elles prennent sur Terre (à gauche).

Arabella dans la toile qu'elle a tissée à bord de Skylab

ARABELLA L'ARAIGNÉE

Une expérience scientifique dans l'espace conçue par un étudiant du Massachusetts (Etats-Unis) impliquait deux araignées, Anita et Arabella. Il voulait découvrir dans quelle mesure elles pouvaient tisser leur toile dans des conditions d'apesanteur. Leurs premières tentatives n'ont pas été parfaites, mais une fois adaptées à l'espace, elles réalisèrent des toiles solides et bien organisées.

L'oisillon se glisse hors de l'œuf brisé.

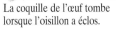

La coquille de l'œuf tombe lorsque l'oisillon a éclos.

La petite caille se met debout.

VÉRIFIER L'ÉQUIPEMENT

Tout équipement destiné à l'espace doit subir des vérifications longues et rigoureuses avant d'arriver sur le site de lancement. Le processus de construction et de contrôle pour l'espace commence des années avant le décollage. Des prototypes de chaque élément de la sonde ou du satellite spatial sont construits et testés avant de passer à la production des pièces qui vont effectivement servir pour le vol. Environ un an avant le lancement, ces pièces sont réunies pour l'assemblage. Le vaisseau entier est alors soumis à une autre série d'essais pour s'assurer qu'il est parfaitement fiable. Il doit pouvoir résister au choc du lancement et à l'environnement, une fois parvenu dans l'espace.

Extérieur du LSS montré en détail ci-dessous

Installations destinées aux vérifications des équipements de petite et moyenne taille

LE RÈGNE DE LA PROPRETÉ
Dans le centre de l'Estec, à Noordwijk aux Pays-Bas, l'ESA contrôle et analyse le comportement des sondes et des satellites pour évaluer la fiabilité du vaisseau dans l'espace. Un simple grain de poussière pourra plus tard provoquer un court-circuit très coûteux, aussi les essais sont-ils effectués dans des conditions de propreté draconiennes.

ESSAIS SUR L'HOMME
L'Américain John Bull a essayé la mobilité du nouveau modèle de combinaison Apollo en 1968. Des problèmes de santé l'ont ensuite contraint à arrêter l'entraînement et il n'a jamais pu partir dans l'espace. Tous les candidats à l'apesanteur subissent aussi une batterie de contrôles : il faut s'assurer qu'ils sont en bonne condition physique et psychologique et qu'ils survivront au voyage.

S'ADAPTER À L'ESPACE
De plus nombreux et plus longs vols spatiaux habités sont en projet. L'endurance et la capacité d'adaptation des astronautes sont toujours plus mises à l'épreuve. Ils subissent avant, pendant et après le vol des tests qui sont aussi effectués sur d'autres personnes qui n'ont jamais voyagé dans l'espace. Les volontaires sont sanglés, branchés et secoués de façon à imiter le retour de l'espace vers la pesanteur.

Le miroir est composé de 121 pièces.

LE LSS
Un équipement expérimental spécifique simule les conditions écologiques rencontrées par un vaisseau dans l'espace. Pour tester ses sondes et ses satellites spatiaux, l'ESA utilise, depuis 1986, un grand simulateur spatial, le LSS, qui recrée les conditions de vide, de chaleur et de radiations solaires de l'espace. Le vaisseau qui doit être testé est enfermé dans la chambre principale, qui a été dépressurisée pour obtenir le vide. L'effet du Soleil est créé par des lampes et un grand miroir qui dirige le rayon solaire vers le vaisseau. Voici une maquette du LSS qui permet d'en voir l'intérieur.

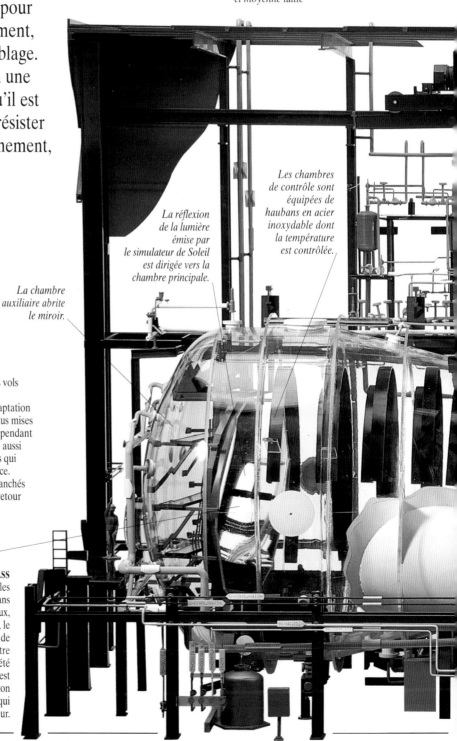

Les chambres de contrôle sont équipées de haubans en acier inoxydable dont la température est contrôlée.

La réflexion de la lumière émise par le simulateur de Soleil est dirigée vers la chambre principale.

La chambre auxiliaire abrite le miroir.

Essai avec du métal fin   Essai avec du métal épais

FUSIL À GAZ

Il faut protéger le vaisseau des minuscules particules de poussière spatiale qui, lorsqu'elles entrent en collision avec lui, peuvent provoquer des trous et des impacts sur sa surface. Des scientifiques de Canterbury, en Angleterre, utilisent un fusil à gaz pour évaluer les dommages que de telles particules peuvent occasionner. Cette recherche a fourni des informations de valeur pour la conception des boucliers pare-chocs des vaisseaux.

BOUCLIER PARE-CHOCS

Des scientifiques ont expérimenté différentes épaisseurs de métal pour trouver une façon de réduire les dommages que peuvent provoquer des particules de poussière sur les sondes spatiales. Un double pare-chocs peut aussi aider à réduire les dégâts. La première épaisseur de métal détruit la particule et disperse l'énergie.

PANNEAUX SOLAIRES

La pièce de droite n'a pas été utilisée alors que celle de gauche a été récupérée dans l'espace. On y voit clairement les bosses et les trous provoqués par l'impact des particules spatiales et les scientifiques peuvent les utiliser pour déterminer la taille et la vitesse de ces particules. Un satellite n'est donc pas éternel.

Satellite dans la chambre principale

La chambre principale mesure 15 m de haut et possède un couvercle amovible pour faciliter son chargement.

Cette lampe contient 19 ampoules à xénon comme celle-ci.

Porte haute de 5 m pour le passage des engins et comprenant une porte à taille humaine donnant accès sur le côté à la chambre principale

Le simulateur de Soleil émet un rayon uniforme et stable.

FIN DES ESSAIS

Dans le LSS, on peut effectuer des tests dans n'importe quel ordre et n'importe quelle combinaison. Ici le satellite Envisat est descendu dans la chambre principale au début de la dernière série d'essais. Une fois les tests accomplis, le vaisseau reçoit l'autorisation de vol.

LES SONDES, VOYAGEUSES SOLITAIRES

Des vaisseaux spatiaux robots explorent l'espace pour nous. Ils ont à peu près les dimensions d'une voiture familiale, et sont lancés, de la Terre, par une fusée ou par une navette spatiale et doivent atteindre une cible déterminée à l'avance. A bord de ces sondes se trouvent des expérimentations scientifiques, une alimentation en énergie, des micropropulseurs pour ajuster la trajectoire, et enfin des enregistreurs et des émetteurs pour transmettre des données vers la Terre. Une sonde peut soit voler aux environs de sa cible, soit se mettre en orbite autour d'elle. Certaines en transportent une seconde, ou un vaisseau, plus petit, qu'elles laissent dans l'atmosphère ou qu'elles envoient atterrir sur l'objectif. Ces sondes ont scruté les planètes du système solaire, sauf Pluton, la plupart des lunes, deux comètes, deux astéroïdes et le Soleil.

VOYAGER 1
Deux vaisseaux Voyager ont visité Jupiter, Saturne, Uranus et Neptune.

SE DORER AU SOLEIL
Lancé en 1995, Soho, le vaisseau spatial le plus complet destiné à l'étude du Soleil, a commencé son travail en avril 1996. Les douze instruments différents embarqués à son bord observent le Soleil en permanence.

Les cercles représentent les atomes d'hydrogène émettant une radiation à une longueur d'onde particulière.

Pioneer dessinée à la même échelle que l'homme pour montrer la taille de ce dernier

VUES SOLAIRES
A la lumière visible, le Soleil semble calme, mais Soho enregistre de nombreuses et intenses activités. Chaque jour, la sonde photographie le Soleil entièrement, dans l'ultraviolet, selon quatre longueurs d'onde (ci-dessus) qui correspondent à différentes températures dans l'atmosphère solaire. Lorsque Soho a commencé son travail, le Soleil se trouvait dans la phase la plus calme de son cycle de onze années. De nombreuses missions sont donc en perspective.

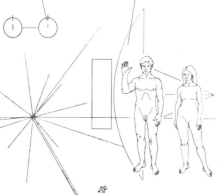

UN MESSAGE VENANT DE LA TERRE
Quelques mois avant le lancement de Pioneer 10, en 1972, on se rendit compte que cette sonde, tout comme sa sœur Pioneer 11 lancée en 1973 qui survola Saturne la première en septembre 1979, suivraient des chemins qui les feraient finalement sortir du système solaire. Il fut donc convenu que ces sondes transporteraient des messages au cas où des extraterrestres les rencontreraient. Des symboles, dont un couple humain, furent gravés sur une « plaque d'identité » d'aluminium doré de 15 cm sur 23 cm.

Perche équipée d'un magnétomètre qui mesure le champ magnétique dans l'espace interplanétaire et aux alentours de Jupiter

Plan du système solaire : on voit que Pioneer est venue de la troisième planète (la Terre) et est passée tout près de Jupiter

Un moyen de situer le système solaire dans la Voie lactée

DE L'AUTRE CÔTÉ DE LA CEINTURE
Pioneer 10 a quitté la Terre le 3 mars 1972 pour un voyage vers Jupiter. C'était la première sonde à s'aventurer au-delà de la ceinture d'astéroïdes. Il lui fallut six mois pour ressortir du côté le plus éloigné, après avoir évité avec succès d'être percutée par un morceau de roche de l'espace. La sonde a volé aux alentours de Jupiter à une distance de 130 300 km et nous a envoyé quelques photos. A 50 000 km/h, elle franchit l'orbite de Neptune, avant de mettre le cap vers la voûte céleste. Le contact est perdu depuis 1992. Les sondes spatiales proches du Soleil peuvent utiliser des panneaux solaires pour obtenir l'énergie leur permettant de fonctionner et de communiquer avec la Terre. Pour un voyage au-delà de Mars, comme celui de Pioneer 10, il faut des générateurs d'électricité à bord.

Photo de Jupiter prise par Pioneer 10

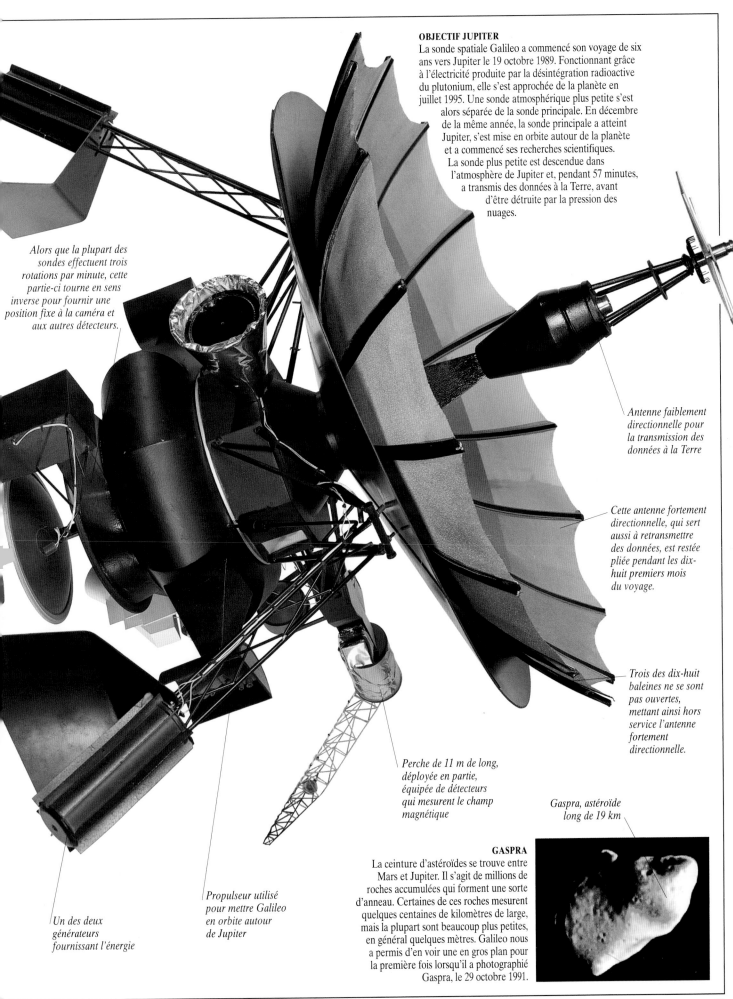

OBJECTIF JUPITER

La sonde spatiale Galileo a commencé son voyage de six ans vers Jupiter le 19 octobre 1989. Fonctionnant grâce à l'électricité produite par la désintégration radioactive du plutonium, elle s'est approchée de la planète en juillet 1995. Une sonde atmosphérique plus petite s'est alors séparée de la sonde principale. En décembre de la même année, la sonde principale a atteint Jupiter, s'est mise en orbite autour de la planète et a commencé ses recherches scientifiques. La sonde plus petite est descendue dans l'atmosphère de Jupiter et, pendant 57 minutes, a transmis des données à la Terre, avant d'être détruite par la pression des nuages.

Alors que la plupart des sondes effectuent trois rotations par minute, cette partie-ci tourne en sens inverse pour fournir une position fixe à la caméra et aux autres détecteurs.

Antenne faiblement directionnelle pour la transmission des données à la Terre

Cette antenne fortement directionnelle, qui sert aussi à retransmettre des données, est restée pliée pendant les dix-huit premiers mois du voyage.

Trois des dix-huit baleines ne se sont pas ouvertes, mettant ainsi hors service l'antenne fortement directionnelle.

Perche de 11 m de long, déployée en partie, équipée de détecteurs qui mesurent le champ magnétique

Un des deux générateurs fournissant l'énergie

Propulseur utilisé pour mettre Galileo en orbite autour de Jupiter

Gaspra, astéroïde long de 19 km

GASPRA

La ceinture d'astéroïdes se trouve entre Mars et Jupiter. Il s'agit de millions de roches accumulées qui forment une sorte d'anneau. Certaines de ces roches mesurent quelques centaines de kilomètres de large, mais la plupart sont beaucoup plus petites, en général quelques mètres. Galileo nous a permis d'en voir une en gros plan pour la première fois lorsqu'il a photographié Gaspra, le 29 octobre 1991.

EXPLORATRICES DE POINTE

A bord d'une sonde spatiale, on trouve de dix à vingt instruments scientifiques ultrasensibles. Ces appareils de recherche enregistrent, contrôlent et réalisent des expériences pour les chercheurs restés sur Terre. Les informations qu'ils procurent permettent aux astronomes et aux spécialistes de l'espace d'établir une représentation des corps célestes. Ces instruments sont sans conteste la partie la plus importante d'une sonde spatiale. Ils dépendent cependant de l'engin lui-même pour les transporter, les protéger et les actionner. Les scientifiques doivent souvent concevoir des appareils destinés à fonctionner dans des conditions inconnues et à explorer des objets jusque-là uniquement observés de la Terre.

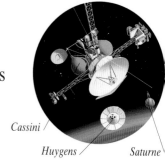

Cassini

Huygens / *Saturne*

UNE SONDE VERS SATURNE
Cassini (Nasa), l'une des sondes les plus coûteuses et les plus ambitieuses construites à ce jour, devrait atteindre Saturne en 2004 après un voyage de sept ans. Elle restera quatre ans en orbite autour de la planète et de ses lunes. Huygens (ESA), une petite sonde, en sera larguée afin d'étudier Titan, le plus gros satellite de Saturne, dont l'atmosphère est proche de la nôtre.

AU LONG COURS
Les sondes spatiales parcourent des centaines de millions de kilomètres en plusieurs années. La plupart réussissent leur voyage mais Mars 96, illustrée ici, n'a pu quitter son orbite terrestre en raison de la défaillance d'un propulseur.

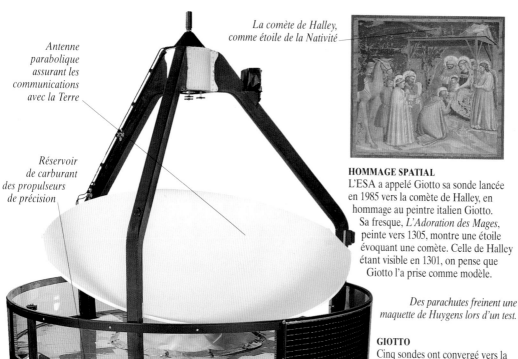

Antenne parabolique assurant les communications avec la Terre

Réservoir de carburant des propulseurs de précision

La comète de Halley, comme étoile de la Nativité

HOMMAGE SPATIAL
L'ESA a appelé Giotto sa sonde lancée en 1985 vers la comète de Halley, en hommage au peintre italien Giotto. Sa fresque, *L'Adoration des Mages*, peinte vers 1305, montre une étoile évoquant une comète. Celle de Halley étant visible en 1301, on pense que Giotto l'a prise comme modèle.

TITAN
Titan est enveloppé d'une atmosphère épaisse, orange, riche en azote. Les chercheurs ignorent ce que leur réserve la surface de cet astre. Huygens se posera sur d'immenses lacs de méthane liquide ou sur un sol ferme. Ses instruments sont prêts aux deux éventualités et devraient donner des informations quoi qu'il arrive.

Des parachutes freinent une maquette de Huygens lors d'un test.

GIOTTO
Cinq sondes ont convergé vers la comète de Halley en 1986. La plus performante a été celle de l'ESA, Giotto. Elle est parvenue à 600 km du noyau de la comète. Giotto a approché la comète à 240 000 km/h et, avant d'en atteindre le noyau, a traversé un halo de gaz et de poussière. C'était la première sonde protégée par un bouclier pare-chocs.

Dix instruments sur la plate-forme expérimentale

Une caméra électronique a pris une image de l'approche toutes les quatre secondes

Un bouclier pare-chocs (non illustré) est fixé ici. Cette face de Giotto a approché la comète.

HUYGENS À L'ESSAI
Un bouclier thermique protégera Huygens lorsqu'elle pénétrera dans la haute atmosphère de Titan. Il sera ensuite largué et les instruments étudieront la basse atmosphère tandis que des parachutes ralentiront la descente jusqu'à la surface de Titan. Une maquette grandeur nature de Huygens en a testé le fonctionnement.

CHAUD OU FROID ?
Cet instrument embarqué par Huygens mesurera la température des gaz quand la sonde traversera l'atmosphère de Titan et celle des liquides quand elle se posera à sa surface. Il évaluera aussi la capacité des gaz et des liquides à conduire la chaleur.

Gaz ou liquide passent par ces trous

DENSITÉ
Si la sonde Huygens se pose dans du liquide à la surface de Titan, le niveau de flottaison de cet instrument en indiquera la densité. Nous saurons ainsi s'il ressemble plutôt à de l'eau ou à de la boue.

PREMIER CONTACT
Voici la partie de Huygens appelée à toucher en premier la surface de Titan. Elle peut calculer la vitesse à laquelle la sonde s'immobilise, et si elle a touché la terre ferme ou l'élément liquide. Dans le premier cas, elle peut déterminer s'il s'agit de roche, de sol ou de glace. Dans le second, un autre instrument (à gauche) précisera la densité du liquide.

Le transmetteur émet et reçoit des « bips ».

Le câble véhicule les données pour stockage et transmission.

PING-PONG SONORE
Ces deux analyseurs embarqués sur Huygens associent émetteurs et récepteurs et mesurent à quelle vitesse un « bip » sonore passe de l'un à l'autre. Les résultats obtenus aideront à déterminer la densité, la température et la composition de l'atmosphère et de la surface de Titan.

A l'intérieur, instruments mesurant température et densité

CHAPEAU DE MAGICIEN
Les cinq instruments représentés sur cette page ont été regroupés dans ce module appelé SSP, de la taille et de la forme d'un chapeau-claque. Le SSP et cinq instruments supplémentaires ont été sévèrement testés avant d'être installés sur Huygens un an avant le lancement. Des équipes internationales de chercheurs ont travaillé ensemble sur ce projet. Le SPP a été préparé par une équipe de Canterbury en Angleterre.

Analyseur d'atmosphère

Cette partie sera la première à toucher Titan.

Capteur de contact

SSP (ensemble des instruments pour étudier la surface)

Sonar

Analyseur d'atmosphère

REFROIDISSEMENT
Des techniciens travaillent sur Huygens dans un laboratoire situé à Bordeaux. Ils installent le bouclier thermique chargé de protéger la sonde contre les températures très élevées qu'elle devra supporter. Celles-ci s'élèveront jusqu'à 1 800 ou 2 000 °C, mais la température interne de Huygens ne devra pas excéder 180 °C.

EN ROUTE POUR TITAN
Dans cette représentation d'artiste, Huygens descend à travers l'atmosphère de Titan. Elle transmettra des données durant environ deux heures et demie lors de la descente et de l'atterrissage.

QUELLE PROFONDEUR ?
Le système sonar est utilisé par les navires sur les mers du globe. Cet instrument de Huygens sera le premier à employer cette technique dans l'espace. Si la sonde se pose sur l'eau, elle émettra un signal sonore réfléchi par le plancher océanique. Le temps écoulé pour le retour du signal indiquera la profondeur.

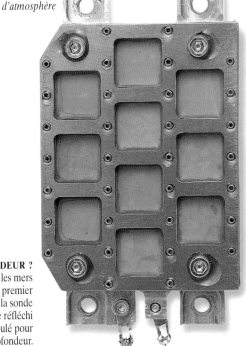

GRANDE PREMIÈRE
Les sondes Mariner ont été lancées vers Vénus, Mars et Mercure. Mariner 10 a été la première sonde spatiale à visiter deux planètes – Vénus et Mercure – lors de sa mission de 1974-1975. Ses appareils photo ont transmis les premières vues rapprochées de ces planètes.

Les sondes spatiales sont nos yeux et nos bras dans l'espace. Depuis qu'elles nous ont donné les premières vues détaillées de la Lune, elles nous ont transmis des centaines de milliers d'images. Elles ont révélé les cratères de Mercure, les déserts rouges de Mars et les montagnes et les plaines cachées derrière les nuages de Vénus. Elles ont étudié des atmosphères hostiles, rapporté des pierres lunaires sur Terre et ramassé de la poussière martienne, en quête de traces de vie.

Les sondes obéissent à des instructions programmées pour examiner les informations collectées. Elles font ainsi des découvertes attendues et d'autres moins. La plupart des connaissances sur le système solaire accumulées dans la seconde moitié du XXe siècle sont dues aux sondes. Le succès des futures missions d'explorations spatiales est donc important.

LES SECRETS DE VÉNUS
La surface de Vénus est masquée par une atmosphère dense. Les premières images en ont été transmises par une réplique de Venera en 1975. Depuis, des sondes ont utilisé des radars pour la cartographier. Ce globe a été réalisé à partir d'images envoyées par Magellan en 1992.

MERCURE EN VUE
Mercure, planète la plus proche du Soleil, a reçu la visite d'une unique sonde, Mariner 10. Elle s'est approchée de la planète trois fois, parvenant jusqu'à 330 km d'elle. Ses instruments ont mesuré la température de la surface, découvert un champ magnétique et réalisé plus de 10 000 prises de vue. Les meilleures d'entre elles ont été combinées pour obtenir une image détaillée de cette planète aride et désolée.

RÉVÉLATION
Durant des siècles, on a étudié la Lune depuis la Terre. A partir de 1959, des sondes américaines et soviétiques l'ont visitée. Les premières observations concernaient la face lunaire tournée vers notre planète. La première image de la face cachée fut transmise par une sonde soviétique, Luna, le 4 octobre 1959.

EXPLORATEUR LUNAIRE
Le premier des deux robots soviétiques d'exploration lunaire s'est posé sur la Lune, dans la mer des Pluies, le 17 novembre 1970. Lunokhod 1, véhicule à huit roues dirigé depuis la Terre, a travaillé sur notre satellite durant onze mois, parcourant 10 km tout en prenant des photos et en étudiant le sol lunaire.

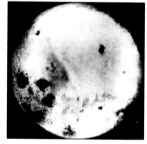

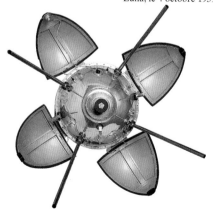

ENQUÊTEURS LUNAIRES
Les sondes soviétiques Luna ont étudié la Lune pendant presque vingt ans. Elles ont été les premières à atteindre la Lune, à photographier sa face cachée, à rester en orbite autour et à s'écraser dessus. Luna 9 a réussi le premier alunissage en douceur le 31 janvier 1966 et a pris les premières photos panoramiques du sol lunaire montrant des détails de la taille du millimètre.

VENERA VERS VÉNUS
De 1961 à 1983, les sondes soviétiques, baptisées Venera puis Cosmos 359, ont été envoyées vers Vénus. Venera 4 a été la première à réussir sa mission. Elle a transmis des données concernant la pression et la température de l'atmosphère vénusienne durant 94 minutes en octobre 1967 et elle a cessé d'émettre après son arrivée sur Vénus. Il se passera la même chose pour la suivante. En 1975, Venera 9 a transmis la première photographie d'une autre planète (Vénus).

A LA DÉCOUVERTE DE MARS
Au total, seize sondes ont été lancées vers Mars entre 1962 et 1975. La moitié a été envoyée par les Soviétiques, l'autre par les Américains. Elles ont connu des succès divers. La première rata la planète, les suivantes se mirent en orbite autour d'elle. Les deux dernières réussirent à s'y poser.

Le module d'atterrissage de Mars 3, ouvert, montre son appareillage scientifique.

SONDES MARTIENNES
Deux sondes identiques Viking ont été lancées vers Mars en 1975 par les Etats-Unis. Chacune comprenait deux modules, l'un restant en orbite, avec des caméras de télévision afin de filmer Mars et ses satellites, et l'autre, le *lander*, destiné à se poser pour étudier le sol. Les deux *landers* se sont posés en 1976, sans découvrir trace de vie.

MARS ENCORE
Trois engins ont été lancés vers Mars en 1996. Seuls deux ont dépassé le premier stade du périple. Ces sondes étudieront Mars en orbite et à sa surface à compter de 1997. D'autres missions sont prévues.

Module d'atterrissage lancé par Mars 3 en orbite autour de Mars

Antenne pour la transmission des données vers la Terre

Des panneaux solaires transforment l'énergie solaire en électricité assurant le fonctionnement de la sonde

Equipement pour l'étude de l'atmosphère et du champ magnétique

Support d'exposition ne faisant pas partie de l'engin

LA SONDE MARS 3
Elle a été lancée en mai 1971 par l'URSS et a atteint Mars en décembre de la même année. Un module en a été largué qui est descendu vers la surface freiné par un parachute. Il s'est apparemment posé sans mal mais, au bout de seulement vingt secondes, la transmission des données a cessé sans que l'on sache pourquoi. Il est possible qu'une tempête de poussière l'ait enseveli.

L'ESPACE ENCOMBRÉ

La Lune est l'unique satellite naturel de la Terre et sa plus proche voisine dans l'espace. Entre les deux s'étend le vide sidéral. Toutefois, un visiteur approchant la Terre pour la première fois pourrait trouver que l'espace entourant notre planète est bien encombré. A quelques milliers de kilomètres de la Terre évoluent en effet environ mille satellites opérationnels. Chacun d'eux est un instrument scientifique spécialisé suivant sa propre orbite. Ces satellites travaillent pour nous de différentes façons. Les plus importants sont sans conteste les satellites de télécommunications qui concernent notre vie quotidienne. Ils nous donnent accès au globe entier rien qu'en appuyant sur quelques boutons, transmettent les émissions de télévision et servent jour et nuit dans toutes sortes de domaines professionnels.

TELSTAR

Les premières images télévisées transatlantiques en direct ont été transmises en juillet 1962 par Telstar, un satellite de 90 cm de diamètre couvert de photopiles. Maintenant la télévision en direct fait partie de notre vie. Dès 1987, les catholiques des cinq continents pouvaient se joindre au pape Jean-Paul II lors d'une émission en direct nécessitant 23 satellites.

Des systèmes de navigation de poche permettent de connaître sa position à 15 m près.

NAVIGATION

Les pilotes, les navigateurs, les militaires, et maintenant les randonneurs, trouvent leur chemin grâce aux satellites. Le GPS utilise un groupe de 24 satellites en orbite autour de la Terre. A l'aide d'un appareil comme celui-ci, l'utilisateur envoie un signal qui peut être reçu par 12 satellites. En retour, il connaît sa position, sa direction et sa vitesse de progression.

Terroriste aux jeux Olympiques de Munich en 1972

Final du concert avec tous les artistes participant au « Live Aid » en 1985

POUR LE MEILLEUR ET POUR LE PIRE

Les satellites peuvent rendre planétaires des événements locaux. En 1964, la cérémonie d'ouverture des jeux Olympiques de Tokyo fut transmise par satellite dans le monde entier. En 1972, aux jeux Olympiques de Munich, des terroristes ont utilisé ce moyen pour impressionner le monde. En 1985, le concert « Live Aid » a été retransmis par satellite à deux milliards de téléspectateurs.

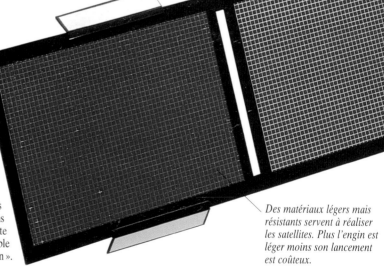

Des matériaux légers mais résistants servent à réaliser les satellites. Plus l'engin est léger moins son lancement est coûteux.

DES LIGNES ENCOMBRÉES

Un satellite de télécommunications doit gérer des dizaines de milliers d'appels téléphoniques à la fois. Depuis les années 1980, les appels européens ont transité par les ECS. ECS 1 a été le premier de quatre satellites identiques lancés afin de doter vingt-quatre pays européens de liaisons téléphoniques, télévisuelles et professionnelles. D'autres régions du monde ont mis au point leurs propres systèmes. A présent, il existe des programmes planétaires. Plusieurs satellites travaillent ensemble en circulant autour du globe et forment un système appelé « constellation ».

CONTRÔLE AU SOL

La plupart des satellites sont lancés à l'aide de fusées mais certains sont emportés vers l'espace dans la soute d'une navette. Une fois le satellite séparé du lanceur, un moteur interne le place sur la bonne orbite. De petites manœuvres correctives sont assurées par le système de propulsion du satellite durant toute sa vie afin de conserver la position souhaitée. Le centre de lancement de la fusée passe ensuite le relais au centre de contrôle du satellite. Ce dernier utilise des stations au sol comme celle-ci, à Redu en Belgique, afin de suivre le satellite, de recevoir ses émissions, de surveiller son état et de lui envoyer des instructions.

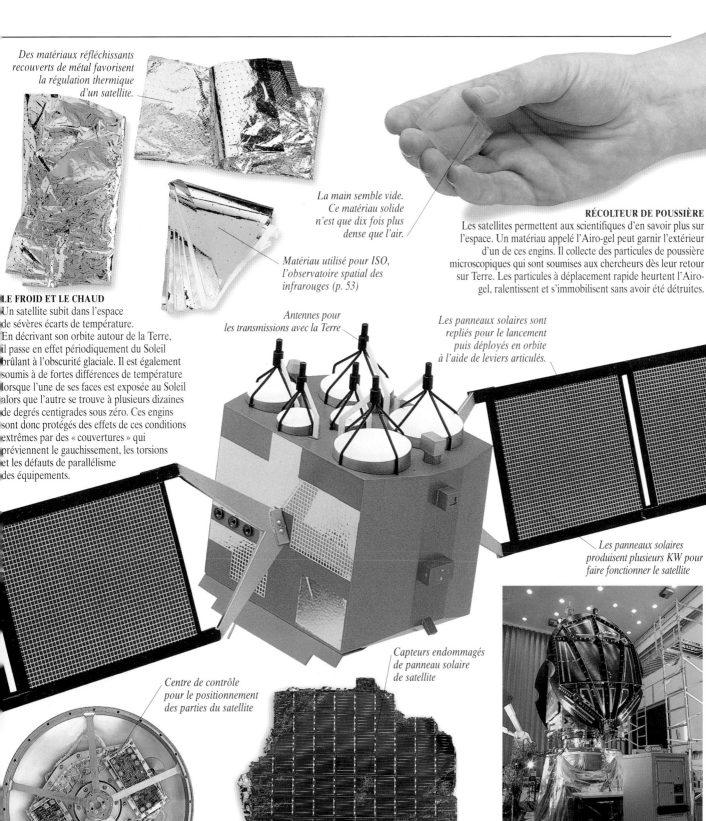

Des matériaux réfléchissants recouverts de métal favorisent la régulation thermique d'un satellite.

La main semble vide. Ce matériau solide n'est que dix fois plus dense que l'air.

Matériau utilisé pour ISO, l'observatoire spatial des infrarouges (p. 53)

RÉCOLTEUR DE POUSSIÈRE

Les satellites permettent aux scientifiques d'en savoir plus sur l'espace. Un matériau appelé l'Airo-gel peut garnir l'extérieur d'un de ces engins. Il collecte des particules de poussière microscopiques qui sont soumises aux chercheurs dès leur retour sur Terre. Les particules à déplacement rapide heurtent l'Airo-gel, ralentissent et s'immobilisent sans avoir été détruites.

LE FROID ET LE CHAUD

Un satellite subit dans l'espace de sévères écarts de température. En décrivant son orbite autour de la Terre, il passe en effet périodiquement du Soleil brûlant à l'obscurité glaciale. Il est également soumis à de fortes différences de température lorsque l'une de ses faces est exposée au Soleil alors que l'autre se trouve à plusieurs dizaines de degrés centigrades sous zéro. Ces engins sont donc protégés des effets de ces conditions extrêmes par des « couvertures » qui préviennent le gauchissement, les torsions et les défauts de parallélisme des équipements.

Antennes pour les transmissions avec la Terre

Les panneaux solaires sont repliés pour le lancement puis déployés en orbite à l'aide de leviers articulés.

Les panneaux solaires produisent plusieurs KW pour faire fonctionner le satellite

Capteurs endommagés de panneau solaire de satellite

Centre de contrôle pour le positionnement des parties du satellite

UN PEU DE BON SENS

Quand un satellite est en orbite, certaines de ses parties doivent être orientées dans des directions données. Un système à cardans comme celui-ci permet de parvenir à ce résultat. Grâce à lui, les panneaux solaires sont déployés vers le Soleil tandis que les antennes sont pointées vers la Terre.

TOUT A UNE FIN

Les satellites sont conçus pour fonctionner dans l'espace plusieurs années. Tous, néanmoins, cessent un jour d'être opérationnels et sont remplacés par de nouveaux appareils. Il suffit qu'une seule partie du satellite tombe en panne pour que l'ensemble ne soit plus utilisable. Ce morceau de panneau solaire a été bombardé dans l'espace. Des capteurs, comme ceux que l'on voit ici en surface, s'abîment avec le temps et ne produisent plus assez d'énergie pour que le satellite puisse continuer à travailler.

SECOUEZ-MOI, SECOUEZ-MOI...

Avant qu'un satellite ne parvienne à son orbite et soit opérationnel, il doit supporter le lancement et les vibrations qui accompagnent cette phase initiale de sa vie. Artemis, un satellite expérimental destiné à tester et à mettre en œuvre de nouvelles prestations en matière de télécommunications, est ici mis à l'épreuve sur un simulateur de lancement. De 36 000 km au-dessus de la Terre, Artemis servira à diminuer la durée et le coût liés au transfert de données d'autres satellites vers la Terre.

LA TERRE SOUS HAUTE SURVEILLANCE

Les satellites scrutent notre planète avec précision. De leurs différentes orbites autour de la Terre, ils peuvent examiner sans cesse le globe entier ou rester au-dessus d'un point donné. Chacun se consacre à la collecte d'un type précis d'informations. Les satellites météorologiques observent les nuages et étudient l'atmosphère terrestre ou relèvent les températures à la surface du globe. Les réalisations humaines et les ressources naturelles comme l'eau, les sols et les minéraux, ainsi que la flore et la faune sont cartographiées par d'autres. Les courants océaniques, la progression des glaces, les oiseaux et d'autres animaux sont suivis depuis l'espace. En prenant des images de la Terre à intervalles réguliers, les satellites notent les changements planétaires à court ou long terme.

POLLUTION VOLONTAIRE
Le satellite Landsat 5 donne l'image aérienne d'une marée noire le long de la côte d'Arabie saoudite en 1991. De fausses couleurs ont été ajoutées. La marée noire apparaît en roux sur fond bleu marine. Le pétrole avait été déversé un mois plus tôt par l'armée irakienne qui occupait le Koweït.

Paris

AUX QUATRE COINS
La série des satellites ERS a débuté en 1991. ERS-1 a envoyé la valeur de plusieurs milliers de pages d'informations à chaque seconde. ERS-1 a pris ces quatre vues de l'Europe (ci-dessus et dans les autres coins) en 1992. Son successeur ERS-2, lancé en 1995, surveille la couche d'ozone tous les trois jours.

La rivière de Detroit

Un émetteur indolore et miniaturisé est fixé à un collier.

CERF ÉMETTEUR
De petits émetteurs sont posés sur des mammifères et des oiseaux. Lorsque l'animal se déplace, le signal émis est reçu par un satellite. Au fil du temps, les déplacements habituels de l'animal apparaissent. En sachant ainsi où les animaux étudiés se reproduisent, se nourrissent et passent l'hiver, on peut protéger les sites concernés et donc les espèces.

À SUIVRE...
Le pygargue de Steller se reproduit dans l'extrême est de la Russie. Aux approches de l'hiver, la mer commence à geler et ce rapace pêcheur ne peut plus se nourrir. Le suivi par satellite permet de surveiller ces oiseaux lorsqu'ils descendent vers le sud pour hiverner autour de l'île japonaise de Hokkaido.

La structure géométrique des terres agricoles est mise en évidence.

PUZZLE GÉANT
Le satellite français d'observation terrestre Spot-1 a été lancé en 1986 par Ariane 1. Tous les vingt-six jours, il a photographié la totalité de la surface du globe. Il emportait deux télescopes, chacun couvrant une bande de 60 km de large à la verticale du satellite, avec une finesse de 10 m et une vision télescopique permettant de restituer le relief. Cette image de la campagne canadienne a été prise en juillet 1988 par Spot-1. De fausses couleurs permettent d'identifier diverses cultures à différents stades de croissance. Le lac Saint-Clair est en haut de l'image et le lac Erié en bas (Ontario, État du Canada).

Londres

POUVOIR S'ORIENTER

Armée de terre, aviation et marine utilisent les systèmes satellites. Avions et bateaux disposent d'équipements pourvus de systèmes de navigation. Pour le simple fantassin en terrain difficile, le désert par exemple, ce type de système portable constitue la solution. Il lui indiquera sa position et la direction à prendre et lui permettra en outre de rester en liaison avec d'autres unités sur le terrain.

Antenne-satellite pliante portable

Vienne

Des capteurs solaires fournissent l'énergie nécessaire au fonctionnement de Météosat.

PRÉVOIR LE TEMPS

Les satellites Météosat sont opérationnels depuis 1977. Les satellites météorologiques sont en orbite géostationnaire : ils tournent au même rythme que la Terre si bien qu'ils restent au-dessus d'un point particulier du globe et surveillent donc toujours la même région. Les données de tels satellites ajoutées à celles d'autres engins permettent d'étudier les caractéristiques météorologiques planétaires et de prévoir le temps de chaque jour.

La plate-forme supérieure abrite l'équipement de communication.

MENACES D'ÉRUPTIONS

Les images de phénomènes naturels comme les volcans sont prises par des satellites et par des appareils mis en œuvre par des astronautes à bord des navettes ou de la station Mir. Il est ainsi possible de surveiller la fumée et les cendres d'un volcan afin d'en informer le trafic aérien. Les mouvements sismiques de quelques centimètres à plusieurs mètres susceptibles d'annoncer une éruption peuvent aussi être détectés, permettant le déclenchement de l'alarme pour les populations.

APPRENDRE À DISTANCE

Grâce aux communications par satellite, il est possible d'assister à des événements à des milliers de kilomètres de distance. Des téléspectateurs peuvent s'informer de chez eux sur d'autres peuples et d'autres cultures. En 1975, plus de 2 400 villages indiens reçurent des télévisions et des antennes-satellites. Les villageois ont pu ainsi accéder à un programme par satellite sur l'hygiène, la santé, le planning familial et les techniques agricoles.

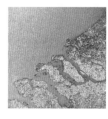

La Zélande

DES TÉLESCOPES DANS L'ESPACE

Les astronomes utilisent les satellites scientifiques pour scruter l'Univers depuis l'espace. Ce sont des télescopes qui recueillent et enregistrent des données pratiquement comme le font les télescopes terrestres. Mais, depuis leur point d'observation, ils peuvent étudier l'Univers 24 h sur 24, 365 jours par an. Ces télescopes captent diverses longueurs d'onde que l'atmosphère filtre et empêche de parvenir aux observatoires situés sur Terre. Les informations obtenues par les télescopes spatiaux sensibles aux rayonnements optiques, infrarouges, ultraviolets, X ou aux micro-ondes sont combinées pour obtenir une meilleure perception de l'espace. Elles sont collectées, stockées et envoyées vers une station au sol où elles sont décodées par des ordinateurs. Les astronomes du monde entier observent l'Univers de cette manière depuis une trentaine d'années.

LES PREMIERS PAS
Les astronomes consignaient autrefois leurs découvertes grâce à des dessins comme celui de cette comète. A présent, un appareillage électronique enregistre les données transmises par les télescopes spatiaux.

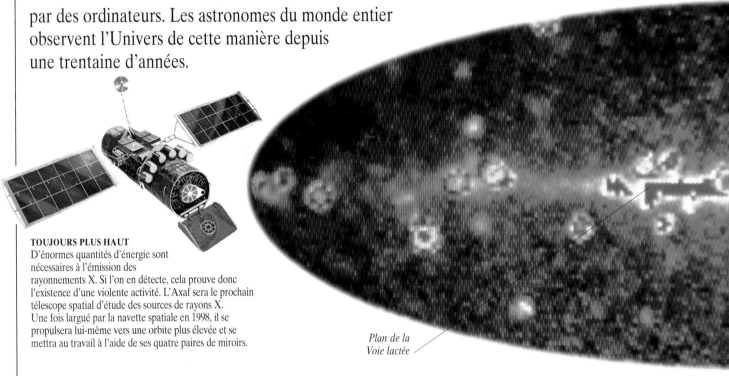

Plan de la Voie lactée

TOUJOURS PLUS HAUT
D'énormes quantités d'énergie sont nécessaires à l'émission des rayonnements X. Si l'on en détecte, cela prouve donc l'existence d'une violente activité. L'Axaf sera le prochain télescope spatial d'étude des sources de rayons X. Une fois largué par la navette spatiale en 1998, il se propulsera lui-même vers une orbite plus élevée et se mettra au travail à l'aide de ses quatre paires de miroirs.

NOTRE CENTRE GALACTIQUE
L'un des trois télescopes spatiaux Heao, conçus pour l'étude des rayonnements X, a pris cette vue en fausses couleurs de notre galaxie. Elle couvre les deux tiers du ciel visible depuis la Terre. Le plan de la Voie lactée traverse l'image de gauche à droite. Les zones noires puis les rouges sont celles qui émettent le plus de rayonnements X. Les zones jaunes et vertes en produisent moins et les bleues sont celles qui en émettent le moins.

HYPOTHÈSES VÉRIFIÉES
En 1992, le satellite Cobe a mis en évidence de légères différences de température dans le rayonnement cosmologique. Sur cette carte en fausses couleurs des micro-ondes du ciel entier, la température moyenne du rayonnement cosmologique est représentée en bleu foncé. Les zones roses et rouges sont plus chaudes, les bleu clair sont plus froides. Les scientifiques avaient supposé l'existence de telles variations dans le rayonnement cosmologique dû au big bang.

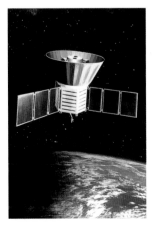

MICRO-ONDES
Le premier télescope spatial à scruter l'espace dans la région des micro-ondes a été placé sur orbite à 917 km de la Terre. Cobe a été opérationnel à la fin de 1989. Il a fourni les premières preuves appuyant la thèse selon laquelle l'Univers fut créé voici quinze milliards d'années, lors d'une terrible explosion, le big bang.

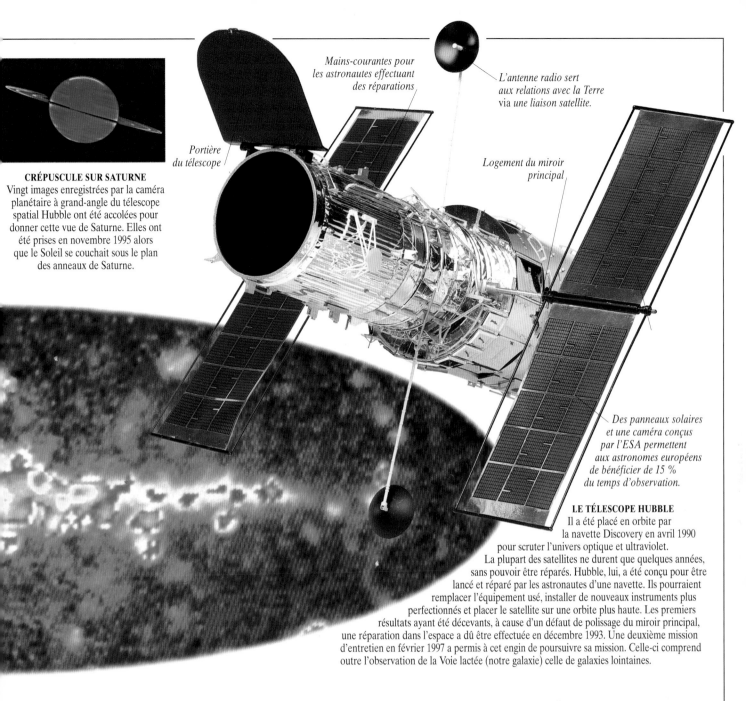

CRÉPUSCULE SUR SATURNE
Vingt images enregistrées par la caméra planétaire à grand-angle du télescope spatial Hubble ont été accolées pour donner cette vue de Saturne. Elles ont été prises en novembre 1995 alors que le Soleil se couchait sous le plan des anneaux de Saturne.

Mains-courantes pour les astronautes effectuant des réparations

L'antenne radio sert aux relations avec la Terre via une liaison satellite.

Portière du télescope

Logement du miroir principal

Des panneaux solaires et une caméra conçus par l'ESA permettent aux astronomes européens de bénéficier de 15 % du temps d'observation.

LE TÉLESCOPE HUBBLE
Il a été placé en orbite par la navette Discovery en avril 1990 pour scruter l'univers optique et ultraviolet.
La plupart des satellites ne durent que quelques années, sans pouvoir être réparés. Hubble, lui, a été conçu pour être lancé et réparé par les astronautes d'une navette. Ils pourraient remplacer l'équipement usé, installer de nouveaux instruments plus perfectionnés et placer le satellite sur une orbite plus haute. Les premiers résultats ayant été décevants, à cause d'un défaut de polissage du miroir principal, une réparation dans l'espace a dû être effectuée en décembre 1993. Une deuxième mission d'entretien en février 1997 a permis à cet engin de poursuivre sa mission. Celle-ci comprend outre l'observation de la Voie lactée (notre galaxie) celle de galaxies lointaines.

ISO en cours de test par l'ESA

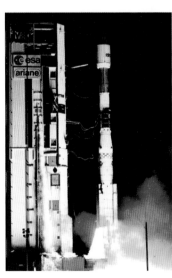

Lancement d'ISO par Ariane 4 en novembre 1995

Représentation d'ISO en orbite

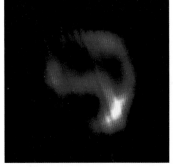

Image prise par ISO des restes en expansion d'une supernova ayant explosé

OBSERVATIONS DES INFRAROUGES
L'ISO, le plus gros et le plus complexe des satellites scientifiques lancés par Ariane 4 de l'ESA, est opérationnel depuis 1995. De son orbite elliptique qui l'entraîne de 1 000 à 70 000 km de la Terre, ISO utilise son miroir de 60 cm de diamètre pour observer l'Univers proche ou éloigné, à raison de 45 observations quotidiennes en moyenne. Des données sur les matériaux de Saturne, la naissance des étoiles, les collisions de galaxies, l'eau et la glace dans notre galaxie ont été envoyées à la station de contrôle de l'ESA qui se trouve à Madrid.

L'AVENIR DE LA CONQUÊTE SPATIALE

Les voyages spatiaux sont appelés à devenir aussi courants dans les prochaines années que les déplacements aériens aujourd'hui. Ils concerneront des hommes, des femmes, des enfants, voyageant plus souvent et plus loin qui fouleront à nouveau le sol lunaire, et les futurs astronautes marcheront sur Mars. On pourra choisir de partir en touristes pour un court séjour à l'hôtel ou, dans un avenir plus éloigné, de s'installer à demeure dans une base lunaire ou martienne. Les astronautes continueront à explorer et à travailler à partir de stations orbitales. Ils y seront rejoints par une nouvelle génération de robots spatiaux manœuvrant des télescopes et du matériel minier sur la Lune. Ces prévisions sont d'ores et déjà évoquées ou planifiées par des agences et des firmes spatiales en Amérique, en Europe et au Japon.

COMPLEXE HÔTELIER
Des hommes d'affaires japonais étudient le projet de création d'un hôtel en orbite terrestre, illustré ci-dessus, suivi d'un autre sur la Lune. L'hôtel est agencé autour d'un ascenseur de 240 m. Les chambres se trouvent dans une roue faisant trois tours par minute. Il s'agira d'une base pour des voyages d'agrément vers la Lune, des sorties dans l'espace, et des sports et des jeux originaux, en apesanteur. Ce genre de projet est évidemment très coûteux.

Antenne parabolique

Module de commande

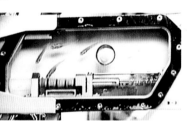

BONNE PÊCHE
En cas de voyages spatiaux d'une certaine durée, il faudra inventer de nouvelles façons de se procurer de la nourriture. Pour l'instant, les astronautes emportent avec eux leurs aliments ou se font ravitailler par d'autres équipages. Les astronautes japonais aiment le poisson et voudraient en élever dans l'espace pour disposer de sushi. A cette fin, ceux-ci, non comestibles, se sont reproduits dans l'espace.

Navette spatiale

L'ESPACE POUR TOUS
Le coût d'un lancement vers l'espace est actuellement très élevé. Les touristes spatiaux auront besoin d'un véhicule nouveau, réutilisable et capable de faire des rotations fréquentes et peu coûteuses. Un engin convenant à des vols spatiaux proprement dits, à des occasions comme un mariage dans l'espace et à des liaisons avec un hôtel spatial. Depuis la Terre, il ne faudrait qu'une heure pour atteindre un tel hôtel.

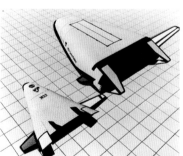

AVION SPATIAL
Aux Etats-Unis, le programme de l'avion spatial X 33 destiné à remplacer la navette a été lancé. Le premier prototype à demi-grandeur demeurera inhabité. Le modèle à taille réelle, appelé Venture Star, emportera un équipage. Sa structure triangulaire sera réalisée en matériaux légers. Il n'aura pas d'ailes mais des ailerons et toutes ses parties seront réutilisables.

AVENIR EN CARTON
Les scientifiques, les ingénieurs et les astronautes de demain ne sont encore que des enfants. Ils sont informés sur l'espace à l'école ou durant leurs loisirs. Ces jouets en carton ont été distribués en 1991. Ils ont été produits en collaboration avec le YAC qui, aux Etats-Unis, incite les enfants à étudier les sciences, les mathématiques et l'espace.

Véhicule lunaire

ROBOTS VOYAGEURS
Des engins inhabités continueront à servir à l'exploration de l'espace proche. Des sondes spatiales iront se mettre en orbite autour des planètes et de leurs satellites. Celles destinées à se poser rapporteront des échantillons de Mars ou d'astéroïdes, de la neige poussiéreuse provenant du cœur d'une comète. Des robots travailleront dans des stations orbitales et des bases installées sur la Lune ou sur Mars.

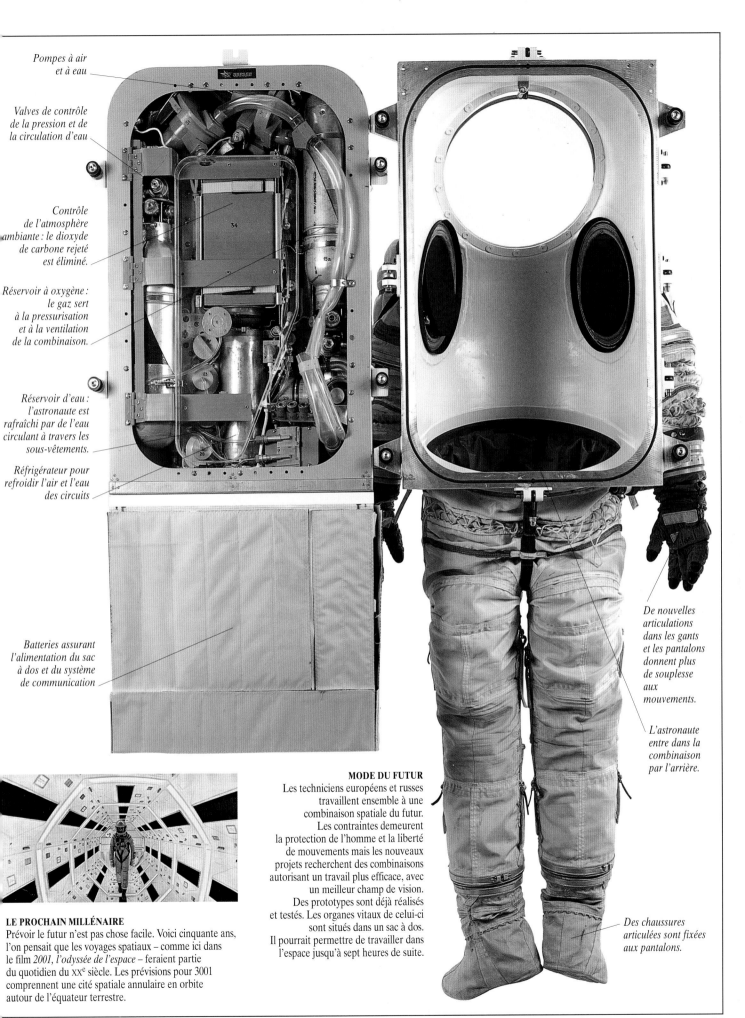

Pompes à air et à eau

Valves de contrôle de la pression et de la circulation d'eau

Contrôle de l'atmosphère ambiante : le dioxyde de carbone rejeté est éliminé.

Réservoir à oxygène : le gaz sert à la pressurisation et à la ventilation de la combinaison.

Réservoir d'eau : l'astronaute est rafraîchi par de l'eau circulant à travers les sous-vêtements.

Réfrigérateur pour refroidir l'air et l'eau des circuits

Batteries assurant l'alimentation du sac à dos et du système de communication

De nouvelles articulations dans les gants et les pantalons donnent plus de souplesse aux mouvements.

L'astronaute entre dans la combinaison par l'arrière.

Des chaussures articulées sont fixées aux pantalons.

LE PROCHAIN MILLÉNAIRE

Prévoir le futur n'est pas chose facile. Voici cinquante ans, l'on pensait que les voyages spatiaux – comme ici dans le film *2001, l'odyssée de l'espace* – feraient partie du quotidien du XXᵉ siècle. Les prévisions pour 3001 comprennent une cité spatiale annulaire en orbite autour de l'équateur terrestre.

MODE DU FUTUR

Les techniciens européens et russes travaillent ensemble à une combinaison spatiale du futur. Les contraintes demeurent la protection de l'homme et la liberté de mouvements mais les nouveaux projets recherchent des combinaisons autorisant un travail plus efficace, avec un meilleur champ de vision. Des prototypes sont déjà réalisés et testés. Les organes vitaux de celui-ci sont situés dans un sac à dos. Il pourrait permettre de travailler dans l'espace jusqu'à sept heures de suite.

RAYON LASER
La robotique et la technologie laser à usage spatial sont appliquées à des équipements pour handicapés. Ce garçon, muet, porte un bandeau muni d'un appareil à rayon laser. A l'aide de celui-ci, il actionne un synthétiseur vocal et il peut ainsi communiquer.

L'ESPACE À LA MAISON

La recherche industrielle dans le domaine spatial améliore notre vie quotidienne. La technologie et les techniques prévues pour l'espace sont appliquées ou adaptées à la vie sur Terre, souvent de manière totalement inattendue : certains emballages alimentaires sont issus du film réflecteur recouvrant les satellites pour les protéger des variations thermiques ; les systèmes de conduite automobile pour handicapés proviennent du guidage à une main du véhicule lunaire du programme Apollo ; et les détecteurs de fumée modernes reprennent le système installé sur la station orbitale Skylab. De nombreuses autres applications touchent les secteurs médical et industriel.

POMPE À INSULINE
Robert Fischell, un chercheur américain, a inventé une pompe à insuline pour diabétiques. Une fois implanté dans l'organisme, l'appareil libère des doses précises d'insuline. Le mécanisme de la pompe est inspiré de celui dont la Nasa a équipé la sonde Viking qui s'est posée sur Mars.

GLACE SÈCHE
Une méthode de nettoyage industriel rapide, facile d'emploi et sans danger pour l'environnement est issue de la recherche spatiale. Des particules de glace sèche (anhydride carbonique) de la taille de grains de riz sont projetées à des vitesses supersoniques pour enlever la saleté en surface. Au moment du choc, la glace se transforme en gaz et la saleté s'en va. Le support demeure intact.

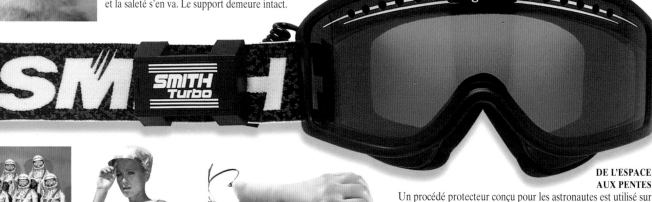

Les astronautes des fusées Mercury (monoplace)

MODE SPATIALE
Les premiers astronautes américains embarqués sur Mercury portaient des tenues argentées réfléchissant la chaleur. En 1964, ce style a influencé la haute couture : le Français André Courrèges présenta sa collection « l'Age spatial ». En quelques mois, la confection lui emboîte le pas, la mode de l'espace est née.

Ensemble en chevreau argenté avec casquette à visière

Main artificielle et son système de contrôle

CONTRÔLE MANUEL
La microminiaturisation des composants conçus pour l'espace est aussi appliquée à des fins terrestres, ainsi, ces prothèses actionnées par des dispositifs gros comme des pièces de monnaie, donc plus légères et faciles à utiliser. Des appareils pas plus gros qu'une tête d'épingle et pouvant être introduits dans le cœur pour en réguler le rythme ont été fabriqués à partir de la technologie spatiale.

DE L'ESPACE AUX PENTES
Un procédé protecteur conçu pour les astronautes est utilisé sur les pistes de ski… Le système empêchant l'apparition de buée sur la visière des membres de l'équipage des capsules Apollo se retrouve aujourd'hui sur des lunettes de ski. Celles-ci comprennent soit un chauffage électrique soit une ventilation qui empêche l'humidité, due à la chaleur corporelle, de se condenser, évitant ainsi la formation de buée.

Le scanner donne des images du corps des patients.

ŒIL DE LYNX
La technique d'amélioration des images mise au point pour augmenter la précision des photographies de la Lune est maintenant appliquée aux prises de vues médicales. En procurant au médecin de meilleures images, elle lui donne des éléments plus fiables pour son diagnostic. Le scanner fournit une image de haute précision de l'intérieur du corps.

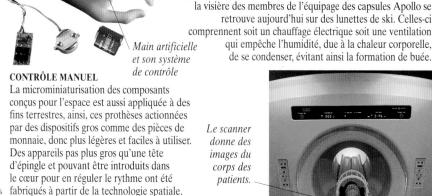

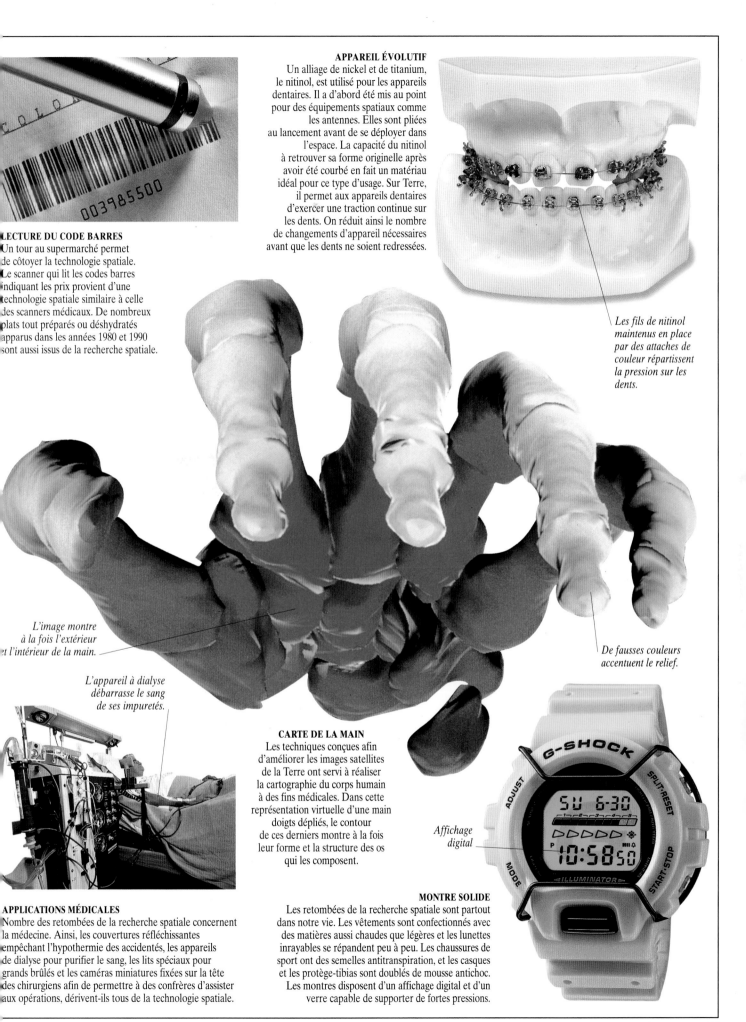

APPAREIL ÉVOLUTIF

Un alliage de nickel et de titanium, le nitinol, est utilisé pour les appareils dentaires. Il a d'abord été mis au point pour des équipements spatiaux comme les antennes. Elles sont pliées au lancement avant de se déployer dans l'espace. La capacité du nitinol à retrouver sa forme originelle après avoir été courbé en fait un matériau idéal pour ce type d'usage. Sur Terre, il permet aux appareils dentaires d'exercer une traction continue sur les dents. On réduit ainsi le nombre de changements d'appareil nécessaires avant que les dents ne soient redressées.

Les fils de nitinol maintenus en place par des attaches de couleur répartissent la pression sur les dents.

LECTURE DU CODE BARRES

Un tour au supermarché permet de côtoyer la technologie spatiale. Le scanner qui lit les codes barres indiquant les prix provient d'une technologie spatiale similaire à celle des scanners médicaux. De nombreux plats tout préparés ou déshydratés apparus dans les années 1980 et 1990 sont aussi issus de la recherche spatiale.

L'image montre à la fois l'extérieur et l'intérieur de la main.

L'appareil à dialyse débarrasse le sang de ses impuretés.

De fausses couleurs accentuent le relief.

CARTE DE LA MAIN

Les techniques conçues afin d'améliorer les images satellites de la Terre ont servi à réaliser la cartographie du corps humain à des fins médicales. Dans cette représentation virtuelle d'une main doigts dépliés, le contour de ces derniers montre à la fois leur forme et la structure des os qui les composent.

Affichage digital

APPLICATIONS MÉDICALES

Nombre des retombées de la recherche spatiale concernent la médecine. Ainsi, les couvertures réfléchissantes empêchant l'hypothermie des accidentés, les appareils de dialyse pour purifier le sang, les lits spéciaux pour grands brûlés et les caméras miniatures fixées sur la tête des chirurgiens afin de permettre à des confrères d'assister aux opérations, dérivent-ils tous de la technologie spatiale.

MONTRE SOLIDE

Les retombées de la recherche spatiale sont partout dans notre vie. Les vêtements sont confectionnés avec des matières aussi chaudes que légères et les lunettes inrayables se répandent peu à peu. Les chaussures de sport ont des semelles antitranspiration, et les casques et les protège-tibias sont doublés de mousse antichoc. Les montres disposent d'un affichage digital et d'un verre capable de supporter de fortes pressions.

ALLIANCE DANS LES ÉTOILES

Les spécialistes de l'espace ont déjà jeté de solides jalons pour préparer l'avenir. Ils mettent à profit les connaissances accumulées au fil des années de recherche sur l'espace et la façon dont l'homme peut y vivre et y travailler. La course à l'espace a cédé la place à la coopération internationale : les pays qui travaillaient seuls autrefois ayant décidé de bâtir ensemble une station spatiale. Ainsi chacun continue à profiter des retombées de la technologie spatiale et des satellites toujours plus performants sont construits et lancés. Cinq cents sont en préparation, destinés, en partie, à remplacer ceux actuellement en service et bientôt hors d'usage, ou à créer de nouveaux réseaux autour de la Terre.

A COMME ALPHA
Les Etats-Unis, le Canada, la Russie, le Japon et l'ASE travaillent ensemble à la station Alpha. Cette image virtuelle nous donne un aperçu de ce à quoi elle ressemblera dans l'espace.

PUZZLE
Chacun des pays associés doit construire une partie d'Alpha. Les Russes mettent au point un module de service long de 13 m. Il servira, dans une première phase, de zone de séjour et de laboratoire pour un équipage de trois membres.

ariane 5

esa   *esa*

Columbus

Image virtuelle du projet d'avion spatial Hermès, aujourd'hui abandonné, attelé à Columbus en orbite

LABORATOIRE EUROPÉEN
La contribution de l'ESA au projet Alpha est un laboratoire spatial, Columbus. Les savants du monde entier ont déjà été consultés sur leurs projets d'expériences. L'ESA travaille aussi à un véhicule de secours pour la station mais elle a abandonné son projet Hermès, avion de l'espace destiné à transporter les astronautes vers la station.

DE L'AIR !
La recherche sur les principes vitaux a exigé de ce scientifique qu'il passe quinze jours dans une pièce close avec 30 000 plants de blé. Il s'agissait de démontrer que les plantes peuvent produire assez d'oxygène pour les astronautes lors de longs voyages. Le « cobaye » respirait le dioxygène produit par le blé qui, en retour, absorbait le dioxyde de carbone qu'il rejetait.

La structure centrale supporte les capteurs solaires et les radiateurs.

Coca et Pepsi ont tous deux fourni des boissons pour la navette Challenger en 1985.

ESPACE... À LOUER
Les événements terrestres sont souvent financés par des sociétés qui fournissent de l'argent en échange de publicité pour leurs marques ou leurs produits. Ces firmes s'intéressent à présent à l'espace. Une société de télévision japonaise a soutenu un astronaute, et une marque de boisson autrichienne a financé un vol vers la station orbitale Mir.

La fusée Ariane V lancera le véhicule de secours d'Alpha et non pas Hermès, comme sur cette maquette, dont le projet est abandonné.

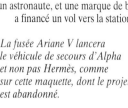

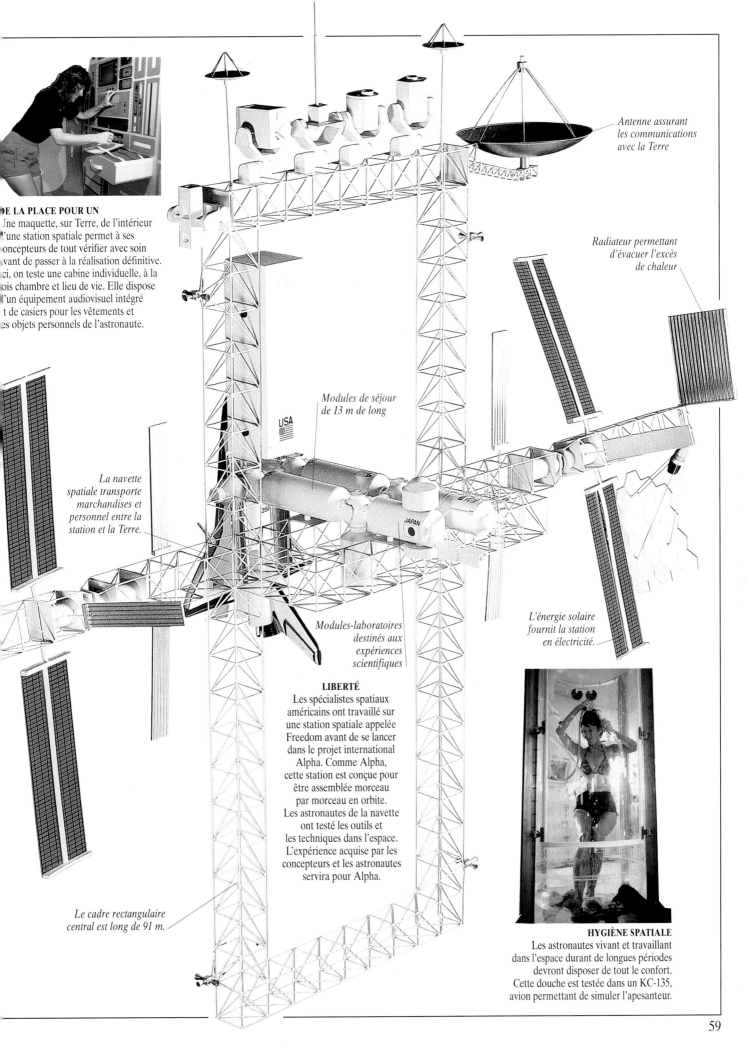

DE LA PLACE POUR UN
Une maquette, sur Terre, de l'intérieur d'une station spatiale permet à ses concepteurs de tout vérifier avec soin avant de passer à la réalisation définitive. Ici, on teste une cabine individuelle, à la fois chambre et lieu de vie. Elle dispose d'un équipement audiovisuel intégré et de casiers pour les vêtements et les objets personnels de l'astronaute.

Antenne assurant les communications avec la Terre

Radiateur permettant d'évacuer l'excès de chaleur

Modules de séjour de 13 m de long

La navette spatiale transporte marchandises et personnel entre la station et la Terre.

USA

JAPAN

L'énergie solaire fournit la station en électricité.

Modules-laboratoires destinés aux expériences scientifiques

LIBERTÉ
Les spécialistes spatiaux américains ont travaillé sur une station spatiale appelée Freedom avant de se lancer dans le projet international Alpha. Comme Alpha, cette station est conçue pour être assemblée morceau par morceau en orbite. Les astronautes de la navette ont testé les outils et les techniques dans l'espace. L'expérience acquise par les concepteurs et les astronautes servira pour Alpha.

Le cadre rectangulaire central est long de 91 m.

HYGIÈNE SPATIALE
Les astronautes vivant et travaillant dans l'espace durant de longues périodes devront disposer de tout le confort. Cette douche est testée dans un KC-135, avion permettant de simuler l'apesanteur.

59

INDEX

LISTE DES ABRÉVIATIONS UTILISÉES

Axaf - Advanced X-Ray Astrophysics Facility : observation haute résolution des sources X
Chase - Coronal Helium Abondance Spacelab Experiment : expérience Spacelab sur l'abondance de la couronne d'hélium
CNES - Centre national d'études spatiales (France)
Cobe - Cosmic Background Explorer : explorateur du fond du ciel
ECS - European Communications Satellite : satellite européen de communications
ERS - European Remote Sensing Satellite : satellite d'observation de la Terre et météorologique
ESA - European Space Agency : Agence spatiale européenne (ASE)
ESC - Euro Space Centre : Centre spatial européen
EVA - Extra Vehicular Activity : activité extravéhiculaire
GPS - Global Positioning System : système global de navigation
Heao - High Energy Astronomy Observatory : observatoire spatial capable de capter les rayonnements X
ISO - Infrared Space Observers : Observatoire spatial des infrarouges
LSS - Large Space Simulator : grand simulateur spatial
LMS - Life and Microgravity Spacelab : études sur la vie et la microgravité sur Spacelab
MMU - Manned Manoeuvring Unit : bloc de manœuvres individuel
Nasa - National Aeronautics and Space Administration (Etats-Unis)
Skylab - Sky Laboratory : laboratoire spatial
Soho - Solar and Helispheric Observatory : observatoire solaire et héliosphérique
Spacelab - Spatial Laboratory : Laboratoire spatial européen
Spot - Système pour l'observation de la Terre (France)
SSP - Surface Science Package : ensemble des instruments pour étudier la surface de Titan
STS - Space Transportation System : navette spatiale
TRE - Torso Rotation Experiment : expérience de rotation du torse
YAC - Young Astronaut Council : Conseil des jeunes astronautes

Thompson, Orthodontic Appliances ; Hideo Imammura de Shimizu Corporation, Tokyo, Japan ; Dr Martyn Gorman de l'université d'Aberdeen ; Dr Peter Reynolds ; Kenichi Ijiri ; Dr Thais Russomano et Simon Evetts du King's College à Londres ; Clive Simpson ; Karen Jefferson et Elena Mirskaya de Dorling Kindersley Moscou ; Darren Troughton, Carey Scott, Nicki Waine ; Sean Stancioff ; Geoff Brightling ; Sarah Ashun ; Peter Minister, Milton Scott-Baron, Anna Martin et Chris Bernstein.

ICONOGRAPHIE

L'éditeur remercie spécialement le musée de Moscou, le musée des sciences de Moscou, le centre spatial américain en Alabama et les photographes Stephen Oliver 21h, James Stevenson et Bob Gathney ainsi que les agences et personnes suivantes de leur aimable autorisation de reproduction :
h=haut, b=bas, c=centre, g=gauche, d=droite
BOC Gases, Guildford 56cgh ; Bridgeman Art Library, London/Adoration of the Magi, cc.1305 by Giotto, Ambrogio Bondone (c.1266-1337) Scrovegni (Arena) Chapel, Padua ; Casio Electronics Co Ltd 57bd ; Bruce Coleman / Robert P Carr 35chb ; CLRC 45c ; Corbis UK 56bg/Corbis-Bettman-UPI 19cdh, 21bg, 48cd ; ESA 17bg, 30bc, 31c, 33bd, 36-37, 37hd, 40hd, 41cd, 44bd, 45bg, 45cb, 49c, 50hg, 50bg, 51hd, 51cdb, 51bd, 53bg, 53hg, 53bg, 53bd, 53bd, 58cgh/Alain Gonfalone 39cdh, 39cdh ; ESTEC 38cgh ; Mary Evans Picture Library 8hd, 8cg, 8hg, 9hg, 9hg, 9hg, 20hg, 22hg, 36hg ; CSG 1995/Genesis Space Photo Library 12bg ; Dr. Martyn Gorman, University of Aberdeen 50c/ Ronald Grant Archive/When Worlds Collide/Paramount 54cgb, 2001 : A Space Odyssey/MGM 55bg ; Hasbro International Inc 9bd ; Hulton Getty 21hd, 21bc ; Professor Kenichi Ijiri 54cgh/ Image Bank 57hg ; Used with permission from McDonald's Corporation 54g ; Matra Marconi Space UK Ltd 51hd / Mhttels UK Ltd 9cb ; NASA 7hd, 7bd, 10cgb, 11hd, 11cd, 13cgb, 15hg, 16hg, 16cg, 17cgb, 17bd, 17hd, 20cgb, 20bc, 23hd, 30hd, 30cgb, 30cd, 31hd, 32bd, 32hg, 33cgb, 33bg, 33hd, 34cg, 34bg, 34cdb, 35cgb, 35hg, 37bg, 37hd, 38cd, 38cdb, 38cgb, 38hg, 39cb, 39cg, 40cg, 52hg, 54hd, 54cb, 56bd, 56bg, 58bc, 58cb, 58hd, 58bd/ JPL 22-23, 46hd, 46c ; NASDA 15cb/ The National Motor Museum, London 15hc ; The Natural History Museum, London 23cgh ; Novosti (London) 18bg, 19cdb, 20cdb, 34hd, 34bc, 35cb, 37hg, 46cdb/ Professor John Parkinson/NASA 8bd, 39hg,39hc, 39hd ; Popperfoto 15hd/Popperfoto-Reuter 21cdb, 21cdb, 44hg ; Rex Features 8bg, 9cg, 9hd, 36bc, 48cg ; Science Museum/Science and Society Picture Library 15ch ; Science Photo Library/Dr Jeremy Burgess 8cb/Robert Chase 57c/CNES, 1988 Distribution Spot Image 50-51cb/ Luke Dodd 10cd/EOSAT 50hd/ Will and Deni McIntyre 56hg/Larry Mulvehill 57bg/NASA 11cb, 17hg, 19bg, 34c, 44hd, 52cg, 52-53, 52bd, 52bg, 59bd, 59hg/Novosti 14hd, 19hd, 19hg/David Parker 48cgb/Princess Margaret Rose Orthopaedic Hospital 56cb/Roger Ressmeyer, Starlight 12bd ; Smith Sport Optics Inc, Idaho 56c ; Shimizu Corporation 54hd/ Tony Morrison/ South American Pictures 8cd ; Spar Aerospace (UK) Ltd 13hg ; Tony Stone Images/Hilarie Kavanagh 51cd/ Marc Muench 11bd/Charles Thatcher 56bd ; Dr John Szelskey 41hg, 44cda ; Michael Powell/Times Newspapers Ltd 40bg ; Dean and Chapter of York-York Minster Archives 9bg. Couverture : premier plat, c, capsule Apollo © Europsace center, Transinne, Belgique.

Tout a été fait pour retrouver les détenteurs des copyrights. Nous nous excusons par avance des erreurs ou omissions involontaires. Nous serons heureux de pouvoir les corriger lors d'une prochaine édition.

NOTES

Dorling Kindersley tient à remercier : Heidi Graf et Birgit Schröder de l'ESTEC à Noordwijk aux Pays-Bas ; Alain Gonfalone ; Hugo Marée, Philippe Ledent, Chantal Rolland et Massimiliano Piergentili de l'Euro Space Center, à Transinne en Belgique ; Helen Sharman ; Neville Kidger ; Dr John Zarnecki and JRC Garry de l'université du Kent ; MK Herbert, Ray Merchant ; Dr David Hughes, Dr Hugo Alleyne, et Dr Simon Walkerde l'université de Sheffield ; John Parkinson de l'université Hallam à Sheffield ; les maquettistes d'Amalgam ; Nicholas Booth ; J-J